David Gilly

Beschreibung der Feuer abhaltenden Lehmschindeldächer

nebst gesammelten Nachrichten und Erfahrungen über die Bauart mit

getrockneten Lehmziegeln

David Gilly

Beschreibung der Feuer abhaltenden Lehmschindeldächer
nebst gesammelten Nachrichten und Erfahrungen über die Bauart mit getrockneten Lehmziegeln

ISBN/EAN: 9783743487239

Hergestellt in Europa, USA, Kanada, Australien, Japan

Cover: Foto ©ninafisch / pixelio.de

Manufactured and distributed by brebook publishing software (www.brebook.com)

David Gilly

Beschreibung der Feuer abhaltenden Lehmschindeldächer

Beschreibung

der

Feuer abhaltenden

Lehmschindeldächer

nebst gesammelten

Nachrichten und Erfahrungen

über

die Bauart mit getrockneten Lehmziegeln

von

D. Gilly,

Königlichen Geheimen Ober-Bau-Rath.

Je n'écris que pour être utile, & je suis convaincu qu'on
ne doit jamais se lasser de répéter les choses qu'on
croit bonnes, jusqu'à ce qu'elles soient adoptées. —
Essai sur les bois, les friches, les chemins &c.
par M. A. PAULMIER.

Zweyte mit einem Nachtrage vermehrte Auflage.
Mit vier illumin. Kupfertafeln.

Berlin,

bey Friedrich Maurer, 1796.

Es bedarf keines weitläuftigen Beweises, daß man bey den Gebäuden nicht hinlänglich gegen eine von auſſen drohende Feuersgefahr gesichert iſt, wenn bloß die Umfangswände und Giebel von unverbrennlichen Materialien, als Steinen, Ziegeln oder Lehm aufgeführt sind, und nicht auch das Dach von der Art iſt, daß es der Hitze und den sich verbreitenden Flammen von brennenden benachbarten Gebäuden, oder dem sogenannten Flugfeuer widerstehen kann.

Von einem Widerstande, der eine absolute Feuerfestigkeit gewährte, kann überhaupt, und insonderheit bey Landgebäuden, die Rede nicht seyn; das würde gewölbte steinerne Dächer erfordern, die in jeder Rückſicht zu kostbar sind.

Es muß also für hinreichend gehalten werden, die Dächer der Landgebäude in den Stand zu setzen, daß wenigſtens der unterwärts auf dem Sparrwerk ruhende Theil der Bedeckung, sich der Zerſtöhrung und dem Durchdringen des Feuers bis auf das Holz des Dachs eine Zeitlang widersetze, damit unterdeſſen die Lö-

A 2

ſchungsmittel herbeygeſchafft werden können, indem die gewöhnlichen Stroh= und Rohrdächer bey der Entzün= dung des geringſten Theils deſſelben, augenblicklich ganz in Flammen ſtehen, und die Gefahr auf die um= ſtehenden Gebäude verbreiten.

Die Ziegeldächer gewähren obige Vortheile in einem hohen Grade; allein ſie ſind für den Landmann zu koſt= bar, und verſtatten, wenn ſie nicht vollkommen gut ge= macht ſind, (welches wohl der gemeinſte Fall zu ſeyn pflegt) dem, durch den Wind ſeitwärts getriebenen, Re= gen und Schnee den Durchgang auf die Schüttböden, ſo wie ſie auch für Viehſtälle nicht die gehörige innere Wärme geben.

Die von dem Herrn Herzberg vorgeſchlagene Be= deckung [1]), nemlich die Dachſparren, ſtatt der Ziegel und Dachſchiefer, mit Brettern zu belegen, und dieſe mit Gyps zu überſtreichen, iſt nach dem Anführen des Frey= herrn Carl von Dalberg [2]) nicht bewährt befunden wor= den; denn dieſe gypſerne Decken wurden von der Feuch= tigkeit durchdrungen und warfen ſich; das Regen= und Schneewaſſer zog ſich durch, drang in das Innere des Dachs, und weichte die Decken auf, ſo, daß dieſe

[1]) Herzbergs Vorſchläge zur Verbeſſerung der bisher übli= chen Dächer, 2. St. gr. 8. Breslau, 1774 — 1779.

[2]) Verſuch einiger Beyträge über die Baukunſt, von Carl von Dalberg, 4. Erfurt, 1792.

Bedeckung wieder abgenommen und das Gebäude mit
Ziegeln gedeckt werden mußte.

Die von dem Herrn Far in Karlskrona erfundene
Steinpappe, die hauptsächlich aus einem Gemische von
Kalk, Gyps und Pflanzentheilen besteht, hat ebenfalls
dem Endzwecke nicht völlig entsprochen, und dürfte
auch eine zu kostbare und weitläuftige Sache seyn.

Der Vorschlag des Herrn von Dalberg, die Dächer
mit Lehmziegeln zu wölben, diese mit einem Firniße zu
überstreichen, und sie mit einer Art von Strohmatte
gegen die Einwirkungen der Witterung zu beschützen,
mögte ebenfalls noch manchen Zweifel erregen, und die
Ausführung dieses Vorschlages würde für den unbemit=
telten Landmann immer mit Schwierigkeiten verbunden
bleiben.

Auch solche Dächer, wie sie Herr Lange, ehemaliger
Universitätsbaumeister [3] in Leipzig beschreibt, würden
für den Landmann zu künstlich und kostbar werden.
Eine Art derselben besteht z. B. darin, die aufgenagel=
ten Latten mit Lehmzöpfen auszuflechten, so, daß weder
Sparren noch Latten zu sehen sind, und diese Bedeckung

---

[3] Zufällige Gedanken über nothwendige und bequeme
wirthschaftliche Bauart auf dem Lande, mitgetheilt von
J. G. L. s. Breslau bey Korn 1779. Jngleichen dessen
Abhandlung über wetterfeste Dächer, nebst einem Anhange
in 12 Angaben von wetter= und feuerfesten Dächern und
Gebäuden, Leipzig, 1775.

sodann noch mit einem auf besondern darüber gestellten Sparren ruhenden Wetterdache von Ziegeln oder Stroh zu versehen.

Dahingegen hat die Erfahrung hinlänglich gelehrt, daß die sogenannten Lehmschindeln, die vorzüglich im Halberstädtschen und Mansfeldschen bekannt sind, und auf eine simple und wohlfeile Art von einem jeden ge= wöhnlichen Arbeitsmann angefertiget werden können, eine Bedeckung der Dächer gewähren, die bey etwaniger Unvorsichtigkeit mit Feuer und Licht im Innern der Ge= bäude, oder unter dem Dache, der Entzündung fast gänz= lich widersteht, (welches bey der nähern Beschreibung deutlicher werden wird) bey einer Entzündung von außen aber, daß Durchdringen des Feuers bis auf die Latten eine geraume Zeit abhält, dabey auch dauerhaft ist und vor der Kälte schützt.

Diese Bedeckung wird auch nicht nur in verschie= denen über die Landbaukunst vorhandenen und in an= dern Schriften angepriesen, sondern hat auch schon ehe= dem auf Obrigkeitlichen Befehl allgemein eingeführt wer= den sollen. Allein der fast allgemeine Geist des Wi= derspruchs gegen Neuerungen hat auch hierin die Ober= hand behalten. Sollte man es wohl glauben, daß diese Bedachungsart, vielleicht durch einen Zufall, in einigen Dörfern bey Marienwerder in Westpreußen, schon seit langer Zeit üblich ist, und daß sie, der anerkannten

Güte ungeachtet, nicht von andern Dorfschaften nach=
geahmt wird? Landwirthen, die sich gern über Vor=
urtheile wegsetzen würden, fehlt es indessen öfters
an der nothwendigen Anweisung zu einer solchen nützli=
chen Einrichtung, und niemand wird wohl gern einen
mißlichen Versuch wagen wollen.

Es ist freylich schwer und in manchen Fällen nicht
möglich, bey dergleichen technischen Verrichtungen, je=
den kleinen Handgriff auf das genaueste und verständ=
lichste zu beschreiben, oder durch Zeichnungen deutlich
zu machen. Ein guter und aufmerksamer Arbeiter lernt
aber dergleichen Handgriffe bey der Ausführung leicht
von selbst, wenn nur die Hauptsachen und das wesent=
lichste deutlich beschrieben werden, und das ist es, was
ich im folgenden, wegen der Anfertigung und Aufdek=
kung der Lehmschindeln zu leisten hoffe. Ich mache da=
bey keinesweges auf die Ehre einer neuen Erfindung
Anspruch, indem diese Sache schon bekannt, obgleich
noch nicht bekannt genug ist.

Das in der Spandowschen Heide erbaute Unterför=
sterhaus, (das erste Gebäude von Lehmziegeln in hiesi=
ger Gegend) imgleichen einige Gebäude auf den Förste=
reyen zu Falkenhagen und Neubrück bey Spandow, wel=
che durch Dachdecker, die deßhalb aus dem Halberstädt=
schen anhero berufen worden, mit Lehmschindeln gedeckt
sind, haben zur Ausbreitung dieser Sache wenig ge=

wirft; denn es erfordert schon die Bemühung einer Reise, um diese Gebäude in Augenschein zu nehmen, und selbst dann fehlt es doch an der Belehrung, wie die Arbeit gemacht worden, oder gemacht werden müsse.

Erreiche ich dadurch, daß ich das Verfahren bey der Anfertigung und Aufdeckung der Lehmschindeln so genau als möglich beschreibe, den Zweck, daß hin und wieder Gutsbesitzer sich entschließen, allenfalls bey einem kleinen Gebäude, nach dieser Anweisung einen Versuch zu machen, wodurch sie, wie ich im voraus überzeugt bin, den großen Nutzen der Sache an sich, einsehen werden, so wird mir dieses zur angenehmsten Beloh= nung gereichen.

Vielleicht dient es den bemittelten Bewohnern des platten Landes zu desto mehrerer Ermunterung, diesen Versuch zu unternehmen, wenn ich folgende Stelle aus dem vorangezeigten Werke des Herrn von Dalberg zu ihrer Beherzigung hierher setze:

„Es ist wohl unnöthig, sagt dieser verehrungswür= dige Schriftsteller, „das Unglück zu schildern, das den „Landmann betrift, wenn eine Feuersbrunst in seiner „Wohnung ausbricht; wie da die Früchte so vieler sau= „ren Arbeit, die tröstlichen Aussichten, Weib und Kin= „der mit lang erspartem Vermögen zu versorgen, oft in „wenigen Stunden ohne Rettung vernichtet werden. Wer „den Jammer angesehen hat, der sich besser fühlen als

„beschreiben läßt, der wird es tief fühlen, wie wohl=
„thätig jede praktische Erfindung ist, die dem Landmann
„feuerfeste Wohnungen verschafft.

„Die Entstehung der Feuersbrünste in dem Innern
„der Gebäude, ist nicht ganz zu vermeiden, wenn es
„auch möglich ist, allenthalben feuerfeste Dächer und
„Mauern zu Stande zu bringen. Das Holz ist zu den
„meisten Geräthschaften ganz unentbehrlich; die nöthig=
„sten Lebensbedürfnisse, Mehl, Getreide, Stroh, Brenn=
„holz, Talg, Oel, Leinen= und Wollenzeug, enthalten
„brennbaren Stoff. Es ist weise, nöthig und nützlich,
„durch gute Polizeyordnungen dem Mißbrauche des
„Feuers und Lichts zu steuern; aber es ist unmöglich,
„alle Zufälle zu vermeiden und zu berechnen.

„Dieses Unglück ist allemahl drückend für denjeni=
„gen, der es empfindet; doch ist es mit dem großen
„Jammer nicht zu vergleichen, der alsdann entsteht,
„wenn die Flammen sich von Haus zu Haus, von
„Straße zu Straße verbreiten, und oft den größten
„Theil eines Orts in Schutt und Asche verwandeln.
„Oft helfen dann weder Löschanstalten noch Ziegeldä=
„cher. Die beste Feuerspritze kann nur auf ein Ge=
„bäude wirken. Die Hülfe der benachbarten Orte und
„der Obrigkeit kommt sehr oft zu spät; der Wind wehet
„die kleinen Funken in die Zwischenräume der Ziegel
„und Dachschiefer; die Dachspähne, Latten und Bret=

„ter, die darunter liegen, werden entzündet, und das
„Unglück wird allgemein. Noch weit schneller verbrei=
„tet sich die Flamme, in ärmern Dörfern, deren Ge=
„bäude mit Stroh gedeckt sind. Den größern Unglücks=
„fällen dieser Art, der Verbreitung der Flamme, kann
„nur alsdann gesteuert werden, wenn man es dahin
„bringt, daß äußere Dächer und Mauern feuerfest sind.

„Die Erfahrung lehrt, sagt Herr von Dalberg,
„daß die Mauern von Leimen, (nach hiesiger Mundart,
„von Lehm) dem Feuer am besten widerstehen. Mitt=
„lerweile, daß kostbare Riegelwände ausbrennen, und
„mit ihren ausgemauerten Fächern in Schutt zusammen
„stürzen; daß sogar in steinernen Mauern der Kalk in
„dem Feuer seine Bindungskraft verliehrt, daß thon=
„artige Steine zerspringen und kalkartige mürber wer=
„den, sieht man oft alte Leimenwände der ärmsten
„Hütten ganz unversehrt da stehen, wie es ein jeder
„bey entstehendem Brande in Dörfern beobachten kann.

„Allein der Feuersgefahr ist nicht gesteuert, so lan=
„ge man keine feuerfesten Dächer erfindet; denn auf den
„Dächern verbreiten sich Glut und Flammen am mei=
„sten.”

Unter der Voraussetzung, daß die Bedeckung wohl=
feil und den Kräften des Landmanns angemessen seyn
müsse, dürfte nun wohl keine dem Zwecke so vollkom=
men entsprechen und mit so vielen andern bereits berühr=

ten Vortheilen verbunden seyn, als die Bedeckung mit Lehmschindeln, deren Anfertigung folgendes Verfahren erfordert:

1.

Die Arbeiter machen sich einen Tisch von 4 einge=grabenen Füßen, mit einem aufgelegten Tischblatt, das von etlichen Brettern zusammengeschlagen wird. Auf diesen Tisch wird eine Querleiste von etwa 6 Zoll hoch angeschlagen und zwar in einer Entfernung von der Kante, die nach der Länge des Strohs bestimmt wird; zu beyden Seiten werden auch schräge Bretter und Sei=tenstücke 2½, höchstens 3 Fuß voneinander, befestiget; denn breiter dürfen die Lehmschindeln nicht werden. Diese 3 Seiten formiren also einen von 3 Seiten ein=geschlossenen Raum a b c d Fig. 1. Die Beschaffenheit dieses Tisches ist aus dem Profil Fig. 2. und aus dem perspektivischen Aufriß noch deutlicher zu ersehen; a c und d b sind nemlich die beyden nach der Oeffnung des Tisches abgeschrägten Seitenbretter.

2.

Ist der Tisch fertig, so breitet man auf demselben etwas zusammen gedrücktes Stroh, 3 Zoll hoch derge=stalt aus, daß die untern oder Wurzelenden des Strohs an die Leiste a b, die Aehrenenden aber, über den Rand c d des Tisches und ¼ der Länge des Strohs überragen; und nachdem das Stroh gut geebnet, legt man mit ei=

ner Schippe oder Schaufel, so viel von dem erweichten guten fetten Lehm, den man zuvor von kleinen Steinen, Holzspähnen und dergleichen gereiniget hat, darauf, (Fig. 2. und 3.), daß die Hälfte des Strohs bis e f, etwa 1 Zoll hoch damit übertragen und mit dem Streichholz oder Schlicht Fig. 4. ausgeglichen werden kann.

Insofern die Breite der Lehmschindeln auf $2\frac{1}{2}$ Fuß festgesetzt würde, müssen vor ihrer Anfertigung noch Stöcke von 3 Fuß lang, die auf jeder Seite 3 Zoll durch die Schindel durchreichen, und etwa 1 Zoll dick sind, von gespaltenem kiehnen Holze oder von geraden Haseln, vorräthig angeschafft werden. Von diesen Stöcken nimmt der Arbeiter einen g h, legt ihn nach Fig. 3. in der Gegend der Ecke c d Fig. 1. quer über das Stroh. Zwey Arbeiter nehmen sodann einen andern Stock i k, fassen damit unter die herabhangenden Aehrenenden des Strohs, und schlagen es mit dem Stocke i k über den zuerst gelegten g h über, wie aus Fig. 5. zu ersehen, und streichen noch 1 Zoll dicken Lehm über das übergeschlagene Stroh, um das Zurückspringen desselben zu verhindern. Solchergestalt verbindet es sich mit der zuerst auf e f aufgetragenen Lehmfläche, worauf die obere Seite des Strohs ganz mit einer solchen Lehmfläche von einem Zoll dick übertragen wird, wie A Fig. 6. zeiget. Der Stock g h, welcher in der nun fertigen Lehmschindel stecken bleibt, wird am Ende unge-

fähr, ½ Zoll dick mit Strohhalmen umwunden; jedoch
geschieht solches innerhalb der Schindel, und dieß ist
folglich nicht in der Figur zu sehen.

Den zum Umschlagen des Strohs gebrauchten Stock
i k schiebt ein Arbeiter unten ungefähr bis in die Mit,
te der Lehmschindel, faßt mit jeder Hand an die Enden
h und k der beyden Stöcke, ein anderer Arbeiter aber,
eben so an die Enden g und i Fig. 6. und so tragen sie
die Lehmschindel an den zum Trocknen bestimmten Ort,
und legen sie auf die vorhin mit etwas Stroh bedeckte
Erde. Auf diese Schindel können noch 14 andere ge=
legt werden, um dadurch zugleich das Ueberzählen zu
erleichtern; die obersten Schindeln müssen mit etwas
Stroh bedeckt werden, weil sie sonst aufreissen, oder
von der Sonnenhitze abblättern würden. Um dieses
Abblättern überhaupt zu verhüten, muß, wie bereits
erinnert worden, der Lehm nicht zu mager oder mit zu
vielem Sande vermischt und von kleinen Steinen gerei=
niget seyn.

In einem Tage können zwey Arbeiter, ein, bis ein
und ein viertel Schock dergleichen Lehmschindeln ver=
fertigen.

Außer diesen jetzt-beschriebenen Schindeln müssen
noch andere, oder sogenannte Strohpuppen angefertigt
werden, wovon ungefähr 4 Stück auf eine der vorge=
dachten 2½ Fuß breiten Schindeln gehen. Der Ge=

brauch der letztern wird unter Nro. 4. gezeigt werden.

Von diesen Strohpuppen oder Strohbündeln Fig. 7, welche 3 Fuß lang und unten am Sturz oder dickſten Ende 8 Zoll halten müſſen, werden auf eben ſo einen Stock, wie zu vorbeſchriebenen Lehmſchindeln genom= men worden, ſo viel Puppen dicht aneinander aufge= ſchoben, bis dieſe aufgereiheten Lehmpuppen lm Fig. 8. die Breite einer Lehmſchindel ausmachen; dann werden ſie mit Strohbändern zuſammen verbunden, und auf der untern Seite no Fig 9, welche auf die Latten zu liegen kömmt, ebenfalls einen Zoll dick mit Lehm über= ſtrichen. Wenn nun die Lehmſchindel und dieſe Stroh= puppen ziemlich trocken geworden, ſo wird zur Aufde= ckung derſelben auf das Dach geſchritten.

3.

Nachdem die von Mitte zu Mitte vier Fuß aus ein= ander ſtehenden Sparren [4]) nach gewöhnlicher Art einen

---

[4]) Bey gewöhnlichen Stroh= und Rohrdächern, die nach angeſtellten Verſuchen um ⅓ leichter ſind, als die Lehm= ſchindeldächer, können die Sparren 5 bis 6 Fuß aus ein= ander geſetzt werden. Es dürfte alſo leicht ſcheinen, als wenn durch eine engere Zuſammenſetzung der Sparren bey den Lehmſchindeldächern mehr Holz, als bey jenen Dächern erforderlich wäre; allein was wollen 3 bis 4 Paar Sparren mehr bey einem Gebäude, z. B. 60 Fuß lang, ſa= gen, gegen die Vortheile, ein Feuer abhaltendes Dach zu haben?

Fuß weit, mit geschnittenen oder geklöbten gewöhnli=
chen Latten belattet, auch auf die Aufschieblinge p. Fig. 10.
Tab. II. eine Diele q mit zweyzölliger Ausladung vor
dem Balkenkopf aufgenagelt worden, so reicht ein Hand=
langer dem andern auf dem Dache eine vorhin beschrie=
bene Schindel von Strohpuppen, welche er mit dem
durchsteckenden Stocke, zweymal, oder an jedem Ende
mit Weiden r r an die dritte Latte befestigt; wenn nun
die drey untersten Latten und das Brett mit Strohpup=
pen bedeckt worden, so wird eine dünne Lage Stroh recht
gleich und eben, ungefehr einen, bis einen und einen
halben Zoll dick darüber gelegt, und die einzeln unor=
dentlich hervorragenden Strohhalme, vermittelst eines
Beiles, das man unterhält, und mit einem abgerundeten
Knüppel Tab. I. Fig. 12. abgeschlagen, damit die
Borde gerade und eben werden.

Die weitere Bedeckung mit den Lehmschindeln ge=
schieht hierauf folgendermaaßen:

4.

Es wird nemlich die nach Nro. 2. angefertigte
Lehmschindel auf die 4te Latte mit 2 Weiden s s Fig. 10.
Tab. II. befestiget und zwar so, daß die mit Lehm be=
strichene Seite, welche auf dem Tische die Obere war,
jetzt die Untere wird, oder auf die Balken zu liegen
kommt; und diese erste Reihe Schindeln muß mit den
zuerst aufgelegten Strohpuppen unter t q Fig. 11. eine

gleiche Kante ausmachen, damit das Regenwaſſer ohne
bis an das Traufbrett q. w. zu gelangen, ſchon bey t
abtröpfeln kann. Dieſe Schindeln in der erſten Reihe
müſſen daher einen halben Fuß länger, als wie die andern,
angefertiget werden, und wenn die vierte Latte ganz mit
Lehmſchindeln behangen iſt, ſo wird auf den folgenden
in eben der Art fortgefahren, wobey noch beſonders
anzumerken iſt:

5.

Daß die Lehmſchindeln an den Seiten ſcharf zuſam=
men gezogen werden müſſen, ſo, daß ſie ſich in etwas
überdecken, wie ſolches aus dem Durchſchnitt Fig. 13.
Tafel III. nach einer Linie p. q. im untenſtehenden Pro=
fil, von oben anzuſehen, durch die in Fig. 13. mit u,
u, u, bezeichneten Stellen, zu erſehen iſt.

Die 3 Zoll zu jeder Seite der Lehmſchindel heraus=
ſtehenden Stöcke, werden ſo neben einander verbunden,

---

5) Um die Lehmſchindeln auf das Dach zu bringen, ſteckt der
Handlanger einen Stock quer durch etliche Lehmſchindeln
Fig. 14. Tab. II. und trägt ſie auf dem Rücken die Dachlei=
ter hinauf.

Ju der Gegend von Marienwerder macht man ſehr
große Lehmſchindeln, oder vielmehr Lehmtafeln, ſo, daß
nur 3 Reihen derſelben ein Dach auf einem Gebäude von
gewöhnlicher Tiefe bedecken; dieſe müſſen alsdann mit
Seilen hinauf gezogen werden, welches viel umſtändlicher
iſt. Dieſe große Lehmtafeln erfordern auch äußerſt ſtarke
Latten.

daß wenn von der Schindel B das eine Ende des Stocks v unterwärts über die Schindel C überliegt, das andere Ende w des Stocks aus der Schindel c oberwärts oder nach der Außenseite des Dachs über die Schindel B liegt, und so immer den Stock der einen Schindel, über den Stock der zweiten Schindel überbindet.

6.

Die letzten Reihen der Lehmschindeln von beyden Seiten des Dachs lassen oben an der Forst einen Zwischenraum x Tafel II. Fig. 11. und 15. übrig, welche Oeffnung mit Stroh und Lehm ausgeglichen .., über selbige aber eine Deck = oder Sattelschindel übergelegt wird [6].

7.

Die Forstschindeln werden, nachdem die Aehren vom Stroh abgeschnitten worden, so groß als der Tisch ist, zwey Zoll dick mit Lehm tüchtig überstrichen, damit das Stroh sich recht gut verbinde. Wenn zuvor die beyden letzten Reihen Schindeln, so weit die Forstschindeln auf selbige überreichen, mit Lehm bestrichen sind, werden die Forstschindeln mit der gelehmten Seite unten aufgelegt und tüchtig angedrückt, selbige auch noch außerhalb mit Lehm bestrichen. Diesen obern Lehm spült der Regen zwar wieder ab, allein das hin=

[6]) Anstatt dieser Lehmschindel auf den Forsten kann man auch feine Rasenstücke nehmen.

dert nichts, denn dieser Lehm wird nur in der Absicht aufgetragen, um die Forstschindel zuerst herunter zu drücken. Die Forstschindeln werden zwey bis drey Zoll an den Enden übereinander gedeckt, so wie die Hohlzie= gel auf den Ziegeldächern.

8.

Die Stroh= und Rohrdächer werden gewöhnlich an den Giebelseiten mit einem Brett verkleidet, bey den Lehmschindeldächern geschieht dieses aber mit Strohpup= pen. Vorausgesetzt, daß die Latten 12 Zoll über die Giebelsparren hervorragen, und daß 9 Zoll davon schon mit Lehmschindeln bedeckt sind, so werden die übrigen 3 Zoll von der Länge der Latten, mit 2 haselnen Stöcken Fig. 10, z und z von einer, und α und α von der andern Seite der Latten beflochten; dann flechtet man Strohpuppen von etwa einen Fuß lang und 3 Zoll dick, 6 Zoll auseinander, eine über die andere, und bindet sie mit Weiden an die Latten und an die vorgedachten Stöcke, wie solches aus Fig. 15. zu ersehen. Diese Strohpuppen Fig. 16. werden folgendermaßen gemacht. Es wird so viel Stroh genommen, daß selbiges doppelt zusammengenommen und mit der Hand gehalten, eine Dicke von 3 Zoll ausmacht. Hierauf werden die Aeh= renenden so weit abgehauen, daß die Puppe oder der Strohwisch einen Fuß lang ist, nachdem das Stroh vor= her oben an der Biegung zusammengebunden worden.

Die äußere Seite der Latten wird hierauf tüchtig mit Lehm verstrichen, wodurch alles vollkommen dicht und fest wird.

Ueberhaupt wird die Erfahrung einen jeden Land= wirth, der einen Versuch mit diesen Dächern macht, be= lehren, daß sie Regen= und Schneewasser nicht durch= dringen lassen, daß sie die Kälte abhalten, dauerhaft sind und leicht ausgebessert werden können [7]); und ob ich gleich noch nicht Augenzeuge davon gewesen bin, so bin ich doch der Meynung, daß bey einer Entzündung die Verbreitung des Feuers nur sehr langsam erfolgen kann, indem der dichte zwischen dem Stroh befindliche unverbrennliche Lehm zugleich den Zugang der Zugluft verhindert.

[7]) Jemand, der es mit einem solchen Dache versucht hat, schreibt: „der Vorwurf ist ohne Grund, daß dergleichen „Dächer nicht selten ausgestopft werden können, es ist „leicht und dauerhaft; es wird nemlich eine Hand voll „Stroh genommen, die Aehren werden umgeschlagen und „mit etwas Stroh umwunden, daß es einen Kopf oder „Knoten macht; nachdem wird mit der linken Hand die „Schindel etwas aufgehoben, und mit der rechten Hand „der Strohwisch hineingeschoben, die Schindel aber wie= „der fest aufgedrückt; durch die Befestigung der Aehren „sichert es, daß die einzelnen Halme nicht ausfallen kön= „nen; und da der Knoten von der Lehmschindel gedrückt „wird, so hält sie denselben fest, daß der Strohwisch nicht „herausschießen kann; dieß ist das ganze Verfahren des „Ausstopfens."

In der Nähe wohnende Landwirthe ersuche ich, das in der Spandowschen Heide bey dem Grunewald erbauete Unterförsterhaus in Augenschein zu nehmen, oder ein anderes Unterförsterhaus in Neuendorf bey Spandow, welche mit solchen Dächern versehen sind.

Als ich gegenwärtige Blätter schrieb, hatte ich das ersterwähnte Haus in geraumer Zeit nicht gesehen, ich bat also den Bewohner desselben schriftlich, mich wissen zu lassen, wie sich das Lehmschindeldach bis jetzt gehalten; ich erhielt folgende schriftliche Antwort: „ich bin „mit meinem im Grunewald belegenen von Lehmpatzen „erbaueten Hause sehr wohl zufrieden, indem die Wände „so wenig von den Mäusen zerwühlt werden, als wenig „das Aeußere des Hauses und der Abputz durch die Wit= „terung bisher gelitten hat, auch ist nicht die geringste „Stockung im Hause zu verspüren; das Lehmschindel= „dach conservirt sich sehr gut, sowohl vor Kälte als „Nässe.” —

Was die Kosten eines solchen Dachs betrifft, so richten sich solche nach dem Preise des Strohs und des Lehms oder dessen Anfuhrkosten an jedem Orte. In Absicht des Arbeitslohns aber, läßt sich das, was für die Anfertigung des Lehmschindeldachs auf dem Un= terförsterhause in der Spandowschen Heide bezahlet wor= den ist, nicht gerade zur Richtschnur annehmen, weil die Verfertiger dieses Dachs, dazu besonders anhero berufen waren, und ihnen also schon etwas mehr als sonst bezahlt, auch verstattet werden mußte, mit einiger Bequemlichkeit und ohne sich zu übereilen, zu arbeiten.

Es sind mir indessen von einem Bauverständigen aus dem Mansfeldischen folgende Ueberschläge zugekommen.

Zu einer Quadratruthe an verschiedenen Dachungen gehöret:

a) Zu einem einfachen Ziegeldache 8 Zoll weit gelattet:

18 Stück Latten, à 1½ gr. . . .	1 rthl.	3 gr.	— pf.
1½ Schock Lattnägel, à 4 gr. . . .	— ;	6 ;	— ;
450 Ziegel incl. Bruch, à 18 gr. . .	3 ;	9 ;	— ;
1½ Scheffel Kalk (Berliner Maaß), à 8 gr.	— ;	12 ;	10 ;
Für Sand	— ;	1 ;	5 ;
450 Dachspließe, à 1½ gr. . . .	— ;	6 ;	9 ;
Arbeitslohn 433 Ziegel zu latten, aufzulangen und in Kalk zu decken, à 3½ gr.	— ;	14 ;	6 ;

Kostet also die Quadratruhe Ziegeldach . 6 rthl. 5 gr. 6 pf.

b) Zu einem Strohdache von 15 Zoll stark:

12 Stück Latten, à 1½ gr. . . .	— rthl.	18 gr.	— pf.
Arbeitslohn solche aufzuschlagen .	— ;	1 ;	6 ;
1 Schock Nägel	— ;	4 ;	— ;
1 Schock langes Stroh . .	3 ;	— ;	— ;
Arbeitslohn solches zu verdecken .	— ;	12 ;	— ;
Für Weiden und Bandstöcke . .	— ;	4 ;	6 ;

Summa für eine Quadratr. gewöhnl. Strohdach 4 rthl. 16 gr. — pf.

B 3

c) Zu einem Lehmschindelbach ist erforderlich:

9 Stück Latten, à 1½ gr. . . . —rthl. 13 gr. 6 pf.

Arbeitslohn, solche aufzuschlagen . — ⸳ 1 ⸳ — ⸳

¼ Schock Nägel . . . . . — ⸳ 3 ⸳ — ⸳

50 Lehmschindeln, à 3 pf. . . . — ⸳ 12 ⸳ 6 ⸳

Dazu 20 Bund Stroh, à 4 gr. . . 1 ⸳ 12 ⸳ — ⸳

¼ Schock Bandstöcke ⁸) . . . — ⸳ 3 ⸳ — ⸳

2 Schock Wehden, à 1 gr. . . . — ⸳ 2 ⸳ — ⸳

1 Fuder Lehm . . . . . . — ⸳ 6 ⸳ — ⸳

Für die Strohpuppen u. Giebelbefestigung — ⸳ 12 ⸳ — ⸳

Beträgt also die Quadratr. Lehmschindelbach 3 rthl. 17 gr. — pf.

Ein anderer Ueberschlag, ebenfalls aus der Mans=feldschen Gegend, besagt folgendes:

Das auf Rechnung angefertigte Lehmschindelbach von 30 Quadratruthen groß, auf einem 167 Fuß langen Gebäude hat gekostet:

71 Gänge in der Länge, 25 Schindeln hoch,
  also 1775 Stück, oder 29 Schock und
  35 Stück, das Schock zu 16 gr. thut   19 rthl. 17 gr. 6 pf.

Dazu sind verbraucht, 15 Schock Stroh,
  weil jedes Schock 16 Pfund schwere
  Strohbunde nicht mehr als 2 Schock
  Lehmschindeln giebt, à 3 rthlr. . 45 ⸳ — ⸳ — ⸳

30 zweyspännige Fuder Lehm von weitem
  herzuholen, à 16 gr. . . . 20 ⸳ — ⸳ — ⸳

1 Schock Bandstöcke . . . — ⸳ 6 ⸳ — ⸳

2 Schock Weiden, à 3 gr. . . . — ⸳ 6 ⸳ — ⸳

Summa . 85 rthl. 5 gr. 6 pf.

⁸) Diese Bandstöcke sind vermuthlich so lang, daß die erforderliche Anzahl kleinerer daraus gemacht werden kann.

Von dieser Summe kommen also auf eine
   Quadratruthe . . . . 2 rthl. 21 gr. — pf.
Hierzu noch für jede Quadratruthe an
   Latten, Nägel und Arbeitslohn . — ⸗ 14 ⸗ 6 ⸗
Für das nochmalige Uebertragen . — ⸗ 21 ⸗ — ⸗

Kostet mithin eine Quadratruthe überhaupt 4 rthl. 8 gr. 6 pf.

Wo also der Lehm näher oder wohlfeiler zu bekom=
men ist, wird eine große Kostenverminderung entstehen.

Von der Bauart der Wände mit getrockneten Lehm=
ziegeln, habe ich zwar 1790 eine kurz gefaßte Beschrei=
bung drucken lassen, damit sie, eben ihrer Kürze wegen,
um desto eher von einem jeden gelesen werden mögte;
da aber verschiedene Bauliebhaber gewünscht haben, von
diesem Gegenstande etwas umständlicher unterrichtet zu
seyn, und ich auch seit der Bekanntmachung dieser kleinen
Schrift, Gelegenheit gehabt habe, noch manche Bemer=
kung über die erwähnte Bauart zu machen, oder diese und
jene Verbesserung mir bekannt geworden, so erfülle ich
gegenwärtig jenes Verlangen um so lieber, als mir dieß
Gelegenheit giebt, manche wider die Lehmwände über=
haupt herrschende Bedenklichkeiten und Zweifel zu heben,
und falls einige davon gegründet seyn sollten, diejenigen
Mittel bekannt zu machen, wodurch dem Mangelhaften,
das in der Sache selbst nicht liegt, durch eine gehörige
Behandlung der Nebenumstände abgeholfen werden
kann.

B 4

„Nach allen lang bekannten Verſuchen," ſagt der
Freyherr von Dalberg S. 7. ſeiner ofterwähnten Schrift,
„iſt der Leimen (Lehm) für die Gebäude des Landmanns,
„in Beziehung auf Feuerfeſtigkeit, der beſte Stoff. Er
„iſt wohlfeiler als Gyps; widerſteht dem Feuer beſſer
„als Kalk, und iſt faſt allenthalben zu finden. In Ge=
„genden, wo es an Leimen fehlen ſollte, könnte dieſer
„Mangel, wahrſcheinlich durch eine Miſchung von Sand,
„Thon, Kalkerde und etwas Eiſenocker zuſammen er=
„ſetzt werden, denn dieſes ſind ſeine Beſtandtheile. Der
„anerkannten Feuerfeſtigkeit des Lehms wegen, werden
„ja auch Brandmauern, Schornſteine, Kamine, Ziegel=
„und Kalköfen mit Lehm, anſtatt mit Kalkmörtel, ge=
„mauert [9])."

Alle neuere Erfahrungen haben es beſtätiget, daß
der Lehm, wenn er nur nicht von ſtehender oder allzu=
lange wirkender Näſſe leidet, gegen alle andere Einwir=
kungen der Luft von außerordentlich langer Dauer ſey,
und daß man bey gehöriger Vorſicht mit dieſem Mate=
riale die feſteſten Gebäude aufführen kann, indem man
durch genugſam erhöhete Fundamente, Ueberſchwem=
mungen, und ſelbſt die Erdnäſſe und das Waſſer von
den Dächern abhält, auch durch das übergebauete Dach,

[9]) Beyläufig bemerke ich, daß ich bereits bey Ziegelöfen,
Mauern und Gewölbe von bloß getrockneten Lehmziegeln
habe aufführen laſſen, die ſich gut halten.

und durch einen Bewurf oder Ueberzug der Wände mit
Kalk oder einer andern vom Wasser nicht leicht auflös=
lichen Masse, die Lehmwände der Gefahr, unmittelbar
vom Regen getroffen zu werden, entzieht. Das Ein=
zige, was man den Zweiflern noch zugestehen muß, ist,
daß der Lehm gut, das ist, nicht mit zu vielem Sande
vermischt seyn müsse; denn der Herr von Dalberg schreibt
S. 90, vermuthlich in keinem andern Sinne: „daß der
„magere Lehm zu den Lehmziegeln der brauchbarste sey,
„und daß jedoch auch fetter dazu genommen werden
„könnte, wenn man ihn mit Sand mischt, um ihm
„seine Sprödigkeit zu benehmen. Die Quantität des
„Sandes ließe sich aber nicht bestimmen; das Merkmal
„der Tauglichkeit sey, wenn der gemischte Lehm von
„dem Streichbrette abfiele.”

Es wird hier der Ort seyn, eine Stelle in der von mir
im Jahr 1790 herausgegebenen Beschreibung einer
vortheilhaften Bauart mit getrockneten Lehmziegeln,
zu berichtigen, wo es heißt, daß der Lehm eben nicht von
besonderer Güte seyn dürfte. Ich habe damit nicht sagen
wollen, daß auch der sehr magere oder mit vielem Sande
vermischte Lehm, eben so sicher, als der fettere ge=
braucht werden könnte; sondern es bezieht sich dieses
nur auf die Vermischung des Lehms mit kleinen Kieseln
und Kalkmergelsteinchen, und daß solche, bey den bloß
getrockneten Ziegeln, nicht so wie bey der zu brennenden

B 5

Ziegelerde, schädlich sind. Denn bey dem Brennen werden die rohen Kalktheilchen in lebendigen Kalk verwandelt, lösen sich im Feuchten auf, und zersprengen die Steine; sie sind also die vorzüglichste und leider die gemeinste Ursache der schlechten Beschaffenheit der Ziegel; dahingegen der ungebrannte Kalk in den ebenfalls nicht gebrannten Ziegeln, ganz unschädlich ist.

Da indessen überhaupt, und ungeachtet der seit einigen Jahren bey uns schon vorhandenen Beyspielen von aufgeführten Lehmhäusern, noch manche Zweifel gegen die Dauerhaftigkeit dieser Bauart herrschen, so werde ich hier die in verschiedenen Schriftstellern vorkommenden, zur Bestätigung des Gegentheils dienenden Bemerkungen, anführen.

Vitruvius und Plinius erwähnen in ihren Schriften an verschiedenen Stellen dieser Bauart; und sollte es auch bezweifelt werden, was Herr Cointereaux ¹⁰) versichert, daß die, auf den spanischen Gebürgen von Hannibal erbaueten Wachthürme von Lehm, noch jetzo vorhanden sind; sollte auch Tavernier ¹¹) nicht als ein glaubhafter Schriftsteller angenommen werden, wenn er in Persien, aus ungebrannten Lehmsteinen bestehende Rudera von den ältesten Gebäuden gesehen haben will,

¹⁰) Ecole d'architecture rurale par François Cointereaux. Paris, 1792.
¹¹) Tavernier voyages en Turquie, en Perse & aux Indes.

und dabey erzählt, daß die Perser ihre Häuser noch zur
Zeit davon baueten und auf das geschickteste wölbten; so
wird man einer Stelle aus Arthur Youngs Schrift ¹²)
vielleicht eher das Zutrauen schenken, daß man die
Dauerhaftigkeit der Lehmwände hinlänglich geprüft ha=
ben müsse, da dieser Schriftsteller sagt:

„In Irrland ist nur das Dach der Wohnungen schwer
„zu erhalten, wegen der hohen Preise des seltenen
„Bauholzes; das übrige ist eine Kleinigkeit. Es ist
„kaum glaublich, was für einen Fortgang dieser Um=
„stand der Bevölkerung in Irrland, wie in Amerika
„giebt. — Zehn Pfund Sterling wären hinlänglich,
„ja zu viel, um eine Wohnung zu erbauen, wenn die
„Lehmwände von Irrland — bey weiten die wärm=
„sten, die ich je in Bauerhäusern antraf, eingeführt
„werden sollten."

Der Herr Uebersetzer hat hierbey folgende sehr rich=
tige Anmerkung gemacht:

„Diese Bauart kann jeder Arbeiter sich selbst machen,
„oder machen lernen; diese Häuser kosten wenig, sind
„feuersicher, im Winter warm, im Sommer kühl,
„und halten ohne besondere Reparaturen Jahrhun=
„derte. Ich rede, setzt der Herr Uebersetzer hinzu,

---

¹²) Arthur Young. Ueber Großbritanniens Staatswirth=
schaft, Polizey und Handlung, übersetzt von dem Geheimen
Canzeleydirector Klockenbring zu Hannover. Gotha, 1793.

„von wirklichen Lehmwänden, nicht von den Wetter=
„wänden."

Außerdem wird die Bauart mit Lehmwänden in Krü=
nitz Encyklopädie unter dem Artikel Bauernhaus, in
den Leipziger Intelligenzblättern, vom verstorbenen Hof=
baurath Manger zu Potsdam ¹³), von dem einsichts=

¹³) „In der ökonomischen Bauwissenschaft zum Unterricht
„für den Landmann, von Hr. L. Manger. Leipzig, 1785.
S. 99 schreibt der Herr Verfasser: „An den Orten, wo
„Lehm in der Nähe zu haben ist, wo man folglich einen
„guten lehmigten Ackerboden voraussetzen kann, auf dem
„auch vieles Stroh zu gewinnen ist, kann man die Lehm=
„wände mit Recht für die b e s t e n und zugleich w o h l f e i l=
„s t e n halten. Ein Landwirth kann zu gelegener Zeit mit
„seinem Gespann, den benöthigten Lehm in die Gegend des
„vorzunehmenden Baues nach und nach selbst anfahren.
„Denn je früher solcher der Luft und Witterung ausgesetzt
„wird, und wenn es 10 bis 12 Monate vor dem Gebrauch
„wäre, desto besser ist es. Stroh hat er auch selbst, und
„ein einziger in dieser Art abgerichteter Mann kann gar
„bald dessen Gesinde oder Tagelöhner so weit bringen,
„daß sie ebenfalls bey müßigen Tagen, und wenn sonst
„nichts erhebliches zu thun vorfällt, dergleichen ohne fer=
„nere Kosten zu Stande bringen. Bloß die Steine und
„der Kalk zu den Fundamenten mögten eine besondere
„Ausgabe machen; allein in Gegenden, wo lehmigter
„Boden ist, finden sich insgemein auch so viel Wacken oder
„Feldsteine, die bloß zusammen zu bringen und anzufah=
„ren sind."

„Um an hohen Orten, wo es nicht nöthig ist, mit dem
„Grundbaue tief in die Erde zu gehen, und wo dem Was=

vollen Universitätsbaumeister Herrn Lange in Leipzig ¹⁴),
vom Herrn Baurath, jetzigen Kriegesrath Schlönbach
in seinem 1768 in Berlin gedruckten Versuch eines Vorschlages zu einer holzsparenden Bauart, im 24ten Heft
der Schlözerschen Staatsanzeigen vom Jahr 1784,
und in mehrern andern Schriften, sowohl in Rücksicht auf

„ser leicht ein schneller Abfluß zu verschaffen ist, pflegt man
„auch vielfältig die Grundmauern ohne zu befürchtenden
„Schaden von der Nässe mit Lehm aufzumauern, und er-
„spart also auch dadurch die Ausgabe für Kalk.”

„Es ist daher diese Bauart der Wände in Absicht auf
„Ersparung der Kosten gar sehr anzupreisen, und sollte,
„des schlechten äußern Ansehens ungeachtet, überall, wo
„es möglich ist, vor andern erwählet werden, besonders
„da solche bey wirklicher Anwendung zu Wohn- und Wirth-
„schaftsgebäuden vorzüglichen Nutzen gewährt.”

¹⁴) Zufällige Gedanken über die nothwendige und bequeme
wirthschaftliche Bauart auf dem Lande, von J. G. L.
Breslau, 1779. S. 293 heißt es: „Den Rumpf eines Wohn-
„gebäudes, der Ställe, Scheunen ꝛc. von Lehm, oder, wie
„man die Vermischung aus Lehm und Stroh nennt, Wel-
„ler, ist für den Landwirth in den Gegenden, wo das Holz
„und die Steine von hohen Preisen sind, eine wahre öko-
„nomische gute Bauart. Der Lehm macht keine großen
„Kosten; es müßte denn seyn, daß dieses Materiale etwa
„ganz auf einem weiten Bezirke fehlte. Das Stroh hat
„der Landwirth selbst. Bey der Bearbeitung bietet er
„seine und seiner Leute Hände und Füße dar. Die eigene
„Aufsicht nützt seinem Beutel hier mehr, als bey andern
„Wänden, wo er die Vernachläßigungen der Werkleute
„nicht so beurtheilen kann. Die Lehmwände geben warme

Holzersparung, als auch wegen Abwendung der Feuers=
gefahren mit patriotischer Wärme empfohlen.

Jetzt, da sich diese Bauart bey uns schon ziemlich
ausgebreitet hat, kann ich einen jeden, der Gelegenheit
dazu hat, ersuchen, sich in seiner Provinz an irgend einen
Ort zu begeben, wo Lehmhäuser erbauet worden, um
sich von der Dauerhaftigkeit, Feuersicherheit und Trok=
kenheit der Lehmwände, in Rücksicht auf die Gesundheit,
und von der leichten Erwärmung derselben im Winter,
Ueberzeugung zu verschaffen, wenn anders diese Lehm=
häuser recht gemacht sind, wozu es einer Anweisung,
die weiter unten erfolgt, bedarf.

Um ein Beyspiel in der Nähe, von der langen Dauer
der Lehmgebäude anzuführen, besitze ich von dem Chur=
märkschen Bauinspector Herrn Colberg zwey Zeichnun=
gen, eine von einem auf dem Vorwerk Seelow, im
Königl. Amte Sachsendorf im Jahr 1754 erbaueten
Schaafstall von 168 Fuß lang, 40 Fuß breit, 9 Fuß
hoch), welcher bis jetzt, sogar ohne allen äußern Bewurf,
und ohne Ueberbau des Dachs unbeschädigt steht; die
zweyte Zeichnung ist von einem zweystöckigten Kornspei=

„Wohnungen und Ställe; die Scheunen werden dauer=
„haft ohne Besorgnisse des Ausbauchens. Bey Feuersge=
„fahr bleiben die Rümpfe stehen, und werden durch Aus=
„brennen noch fester; dahingegen andere Wände entweder
„gänzlich oder zum Theil aufgerieben werden.”

cher auf einem Bauergehöfte in Groß=Rohde, Amts
Frauendorf, deſſen Erbauung die älteſten Einwohner
des Dorfs ſich nicht erinnern können; dieſes Gebäude,
welches 26 Fuß lang, 16 Fuß breit und 13 Fuß hoch
iſt, dabey nur ſchwache Wände, unten von 2 Fuß und
oben von 20 Zoll hat, exiſtirt ebenfalls noch ohne
allen Bewurf und ohne Ueberbau des Dachs; dabey
ſind dieſe Wände nur Wellerwände. — Wären ſie
von Holz oder ſogenanntem Fachwerk; wie vielen Ver=
ſchwellungen und Reparaturen würden ſie nicht ausge=
ſetzt geweſen ſeyn, und wer weiß, ob ſie dennoch vor=
handen wären?

Es mag von der Güte und Dauerhaftigkeit der Lehm=
wände überhaupt genug ſeyn; ich ſchreite nunmehro zur
Anweiſung von der tüchtigen Bauart derſelben.

Ueber die Wahl des dazu tauglichen Lehms iſt be=
reits das Nöthige geſagt worden, und ich ſetze hinzu,
was Herr Lange in ſeiner angeführten Schrift S. 293
dieſerhalb vorſchreibt:

„Der beſte Lehm,“ heißt es, „iſt der, der, wenn er
„geknetet, in einen Klumpen gebracht und gebrannt
„wird, eine ziemliche Feſtigkeit erhält; Lehm, der
„Ziegel giebt, taugt auch zu Lehmwänden.“

Bey letzterm Gebrauch tritt aber, wie bereits er=
wähnt worden, der große Vortheil ein, daß derſelbe nicht
vollkommen rein von andern Materien ſeyn darf, welches

bey derjenigen Erde, die zu Ziegeln gebrannt werden soll,
schlechterdings nöthig ist; Lehm also, der zu Lehmwän=
den gut ist, ist es deshalb nicht zu Ziegeln.

Daß fast aller Orten und selbst in den sandigsten
Gegenden Lehm gefunden werde, bestätiget die Erfah=
rung, freylich muß man ihn öfters in einiger Tiefe unter
der Oberfläche suchen [15]).

Daß die Bauart der Wände von Ziegeln, (die man
aus Lehm, der mit kurzgeschnittenen Stroh= und Flachs=

[15]) Herr Manger schreibt S. 100 seines angeführten Buches:
„In den sandigen Gegenden der Marken, ist entweder der
„Lehm an und für sich selten, oder er steht zu tief unter
„dem Sande, als daß er wegen des Wassers nicht anders,
„als mit vieler Mühe zu gewinnen ist; daher ist solcher in
„einigen Städten und Dörfern vielmals aus solchen Ent=
„fernungen anzuschaffen, daß er durch das Fuhrlohn sehr
„hoch zu stehen kommt, und kaum zu den höchstnöthigen
„Arbeiten, bey Brandmauern, Auswindung der Balken=
„fache, Schlagung der Scheunentennen rc. angeschafft wer=
„den kann.”
„Es kömmt aber gleichwohl viel auf mehrere Bemü=
„hung, wegen dessen Aufsuchung und auf die allgemeine
„Bekanntmachung des Vortheils bey Lehm= und Weller=
„wänden an, daß solche häufiger aufgeführt würden, denn,
„wenn man an vielen Orten die Gewohnheit hat, alle
„Fache der stehenden Holzwände auszustacken und mit
„Lehmstroh zu umwinden; so würde es größtentheils auch
„daselbst möglich seyn, noch zweymal so viel Lehm herbey
„zu schaffen, und statt der eleuden ausgestackten Holzwände,
„Lehmwände zu machen.”

schäfen untermischt wird, formt und völlig trocken wer=
den läßt) einen großen Vorzug vor den sogenannten
Wellerwänden habe, ist unstreitig wahr; denn bey Auf=
führung der Wand, kömmt keine andere Feuchtigkeit
hinzu, als diejenige, die sich in dem wenigen Lehm be=
findet, womit diese getrockneten Lehmziegel anstatt des
Mörtels bey gebrannten Ziegeln, vermauert werden;
Da diese Feuchtigkeit sogleich ausdünstet, so entsteht eine
völlige Trockenheit, die bey Mauern von gebrannten
Steinen und Kalkmörtel, bey weitem nicht so bald zu er=
halten ist. Das Dach kann also auf solchen Lehmwän=
den sogleich aufgerichtet und das Haus gleich völlig fer=
tig gemacht und ohne Nachtheil für die Gesundheit be=
wohnet werden.

Dahingegen können die von nassem Lehm, mit un=
tergemengtem langem Stroh aufzuführenden sogenannten
Wellerwände nicht anders als Satz= oder Schichtenweise
von etwa 3 Fuß hoch allmählig, so wie die untern Schich=
ten etwas ausgetrocknet sind, aufgeführt werden; die
viele hineingekommene Nässe dunstet also nur sehr lang=
sam oder wohl gar nicht aus, und diese Wände können
daher weder ganz dauerhaft, noch für die Gesundheit
unschädlich seyn [16]).

[16]) Der Herr v. Dalberg sagt: „die Lehmwände werden
„von nassem Lehm und Stroh zusammengeknetet, und sind

C

Auf den Wellerwänden darf auch, weil sie sich sehr setzen, das Dach nicht eher aufgesetzt werden, als nachdem sie wenigstens ein Jahr lang bedeckt gestanden [17]).

Ferner bestätiget die Erfahrung, daß die Ratten, Mäuse und anderes Ungeziefer sich nicht in die mit ge-

„feuerfest und wohlfeil, aber indem sie sich setzen und
„eintrocknen, werden sie manchmal schief und unförm-
„lich; Mäuse und Ratten graben sich leicht in diese Wän-
„de ein; der nassen Witterung widerstehen sie nicht gut.
„In verschiedenen Gegenden machte man daher den Ver-
„such, diese Bauart zu verbessern, und den feuerfesten
„Lehmwänden eine bestimmtere Form zu geben, und sie vor
„der nassen Witterung zu schützen. Dieses geschieht, wenn
„man mit viereckigten getrockneten Lehmstücken auf-
„mauert, und die Mauer von aussen mit einem Kalkmör-
„tel hinlänglich überzieht. Ein hiesiger Versuch hat die
„Brauchbarkeit dieser Bauart bestätiget." —

Der Herr von Goldfuß, in einer von demselben erschienenen Abhandlung unter dem Titel: Feuersicherer und dauerhafter Häuserbau von wohlfeilen Lehmpatzen, Dresden 1794. erwähnt eines Vorfalls, daß in einem nicht gehörig ausgetrockneten Hause von Wellerwänden, eine ganze Schulmeisterfamilie krank geworden, daher er den von trocknen Lehmpatzen aufgeführten Wänden, welche nicht die mindeste Ausdünstung verursachen, ebenfalls vor allen den Vorzug giebt.

[17]) Mangers ökonomische Bauwissenschaft S. 105, imgleichen: „Langens zufällige Gedanken über die wirth-
„schaftliche Bauart S. 300. Nach S. 294 eben dieses

trockneten und mit gehacktem Stroh und Scheben ver=
mischten Lehmziegel einwühlen und einnisten ¹⁸), wo=
gegen sie in den Höhlungen, welche bey den gewöhn=
lichen Wellerwänden mit eingelegtem langem Stroh, un=

„Buchs dürfen, wie viele es zu machen pflegen, über die
„Fenster und Thüren, Bogen von gebrannten Mauerstei=
„nen erst im zweyten Jahre geschlossen werden, weil die
„Wände nicht eher zu Widerlagen derselben trocken ge=
„nug sind.”

¹⁸) „Die Wahrheit dieses Umstandes könnte ich durch viele
„glaubhafte, aktenmäßige und Privatberichte bestätigen;
„ob aber einer meiner Freunde recht hat, wenn er es vor=
„züglich den, unter den Lehm gemischten Scheben von
„Hanf, die man bey den Seilern erhalten kann, zuschreibt,
„daß die Ratten und Mäuse nicht in die Lehmpatzen sich
„einwühlen, weil ihnen der Geruch von diesen Scheben
„zuwider wäre, weshalb auch Gärtner die kostbaren Tulpen
„und andere Blumenzwiebeln, in Hanfscheben aufbewahr=
„ten, stelle ich dahin. Mir scheint die Härte und Dichtigkeit,
„sowohl der einzeln Lehmpatzen, als der ganzen Wände,
„die Ursache zu seyn, daß die Mäuse sich nicht leicht darin
„einwühlen können. Herr Lange, S. 297, seines oft er=
„wähnten Buchs, sagt: daß er sogar bey Wellerwänden
„den Einwurf, daß die Mäuse darin nisten, nicht bestäti=
„gen könne; er hätte Gelegenheit gehabt, etliche hundert
„Ruthen Lehmwände umwerfen zu lassen, aber keine be=
„trächtliche Anzahl Mäusenester darin gefunden, wo doch
„wohl die beste Gelegenheit gewesen, diese ungebetenen
„Mitfresser zu entdecken. Mäuse sind in allen Scheunen,
„schreibt Herr Lange, sie mögen gemauert und gepflastert,
„von Wellerwand oder Fachwerk seyn.”

C 2

vermeidlich entstehen, den Eingang und alle Bequem=
lichkeit finden.

Ein erfahrner Landwirth versichert in einem Schrei=
ben an mich, daß er nach Ausleerung der Scheu=
nen, in den von Lehmpatzen, in den Wänden gar
keine, in dem Scheunenraume selbst aber weit wenigere
Mäuse als in den andern Scheunen angetroffen hätte.
Er glaubt mit Recht, daß die im Herbst aus den Fel=
dern nach den Scheunen wandernde Mäuse, schon grö=
ßere Schwierigkeiten fänden, unter die tiefern und stär=
kern Fundamente der von Lehmpatzen erbauten Scheu=
nen einzudringen, als durch die schwächern, und meh=
rentheils nur auf die bloße Erde gelegten Fundamente
der von Fachwerk gebauten Scheunen.

Ich will es nicht bezweifeln, daß nächst der Bauart
mit Lehmpatzen, nicht die von dem Herrn Cointereaux,
ehemaligem Mauermeister in Frankreich und jetzigem Pro=
fessor der ökonomischen Bauschule zu Paris, in seiner
vorhin angeführten Schrift, so sehr angerühmte Bauart,
wobey nemlich zwischen aufgestellten Bretterwänden, der
Lehm oder andere demselben ähnliche Erde, bloß in ihrer
natürlichen Feuchtigkeit, oder doch nur mit sehr weni=
gem Wasser angemacht, mittelst eines an einer Stange
befestigten Klopfers, lagenweise aufeinander zu einer
Masse, äußerst fest zusammengeschlagen wird, eben die
Dauer und Vortheile haben sollte, als jene mit einzeln

geformten, mit Stroh vermischten und getrockneten Zie=
geln aufgeführten Wände ¹⁹).

Allein, wer sieht nicht auf den ersten Blick die Weit=
läuftigkeit der zur Aufführung dieser Wände nöthi=
gen Anstalten ein, und ungeachtet die Schrift des
Herrn Cointereaux zweymal ins Deutsche übersetzt wor=

---

¹⁹) Herr Mayet, hiesiger Königl. Fabriquen=Inspector
und Mitglied der Akademie zu Lyon, als ich mich bey ihm
nach dieser in Frankreich üblichen Bauart erkundigte,
schrieb mir:

„Das Werk des Herrn Cointereaux enthält nichts, das
„nicht auf Erfahrungen von undenklichen Zeiten gegrün=
„det wäre. In demjenigen Theil von Dauphiné, welcher an
„das Lyonsche mein Vaterland gränzt, sind alle Häuser
„nach der von Herrn Cointereaux beschriebenen Art (avec
„du pisé) gebauet. Die den reichsten Particuliers zuge=
„hörigen Wohnungen, sind mit Kalk und Gips überzo=
„gen und auf das angenehmste verziert. Wenn die Erde
„von guter Art ist, das ist, nicht zu fett, nicht zu mager,
„gut zubereitet und fest geschlagen worden, so wird die
„Zeit, anstatt diese Gebäude zu zerstören, sie noch mehr
„konsolidiren und ihnen Festigkeit verschaffen. Mein
„Großvater hatte ein Landhaus in der Dauphiné, einige
„Stunden von Lyon; der Garten bey dieser Meyerey war
„mit einer Mauer von pisé umgeben. Um den Garten zu
„vergrößern wollte man einen Theil der Mauer abtra=
„gen. Allein sie hatte eine Festigkeit, wie sie den Mauern
„von Steinen eigen ist, so daß man nicht vermogte, sie
„mit Hacken oder Picken abzubrechen, sondern man mußte
„sich des Schießpulvers bedienen, um die Mauer zu de=
„moliren.‟

den [20]), so ist doch zu bezweifeln, daß diese Bauart, wegen
der damit verbundenen Mühsamkeit und Weitläufigkeit,
viel Nachahmung finden wird. Ueberdem hat Herr Cointe=
reaux selbst (da ich mich über einige besondere Umstände
bey seiner Bauart, mit ihm in Briefwechsel einließ, und
ihm zugleich meine kleine Schrift über die Lehmziegel zu=
geschickt hatte), in einer Fortsetzung seiner Abhandlun=
gen, dem Aufführen der Lehmwände mit einzelnen Stei=
nen, unter dem Namen von nouveau pisé, (denn die

[20]) Die erste Uebersetzung erschien in Wien unter dem
unpassenden Titel: „Lehrbegriff der Baukunst;
als welches sich von einem Theil einer Wissenschaft
wohl nicht sagen läßt. Die zweyte ist in Nürnberg
herausgekommen unter dem Titel: „Franz Cointe=
„reaux Schule der ländlichen Baukunst, oder
„Anweisung feste Häuser von mehrern Stockwerken bloß
„mit Erde oder andern gemeinen und wohlfeilen Mate=
„rialien zu bauen, in einem getreuen und vollständigen
„Auszuge aus dem Französischen übersetzt, mit einer Zu=
„gabe von dieser Bauart in Deutschland, mit 8 Kupferta=
„feln; so 45 Kreutzer kostet.
   Im Intelligenz=Blatt der allgemeinen Litteratur=
Zeitung No. 52 vom 19ten May 1793 ist von dieser
Schrift folgende Anzeige befindlich: „Diese Uebersetzung
„übertrifft selbst das Original, da alle die in selbigem vor=
„kommenden Digressionen, Deklamationen, das wieder=
„holte Selbstlob des Verfassers, mit einem Wort, alles
„das Unnöthige, wovon in der Vorrede Erwähnung ge=
„schieht, weggeblieben; eben dieses gilt auch von den
„Kupfern, indem sowohl viele Kupfer, als auch weit=

Bauart mit Lehm überhaupt, nennt er le pisé, oder, la
manière de bâtir avec le pisé; in dem Journal encyclop.
August 1789, heißt sie, le pisay), vor seiner ersten
Methode viele Vorzüge eingeräumt, wobey es ihm
beliebt hat, diese Bauart für eine ganz neue Erfindung
von ihm auszugeben.

Die Wiener Uebersetzung enthält die ganze Urschrift
wörtlich, und kostet nicht viel weniger als diese; ja es
werden sogar, wie dies auch Herr Cointereaux thut,
die Modelle von den Gestellen und Brettereinfaßungen,

„läuftige gar nicht zur Sache gehörige Beschreibungen
„darin enthalten sind; Z. B. daß ein länglicht schma-
„les Gebäude nicht so viel bequemlichen Raum hat, als
„ein weiteres von gleichem Flächeninhalt, welches in
„Deutschland jeder handwerksmäßige Baumeister schon
„lange weiß. Die Weglaßung dieses französischen Schwul-
„stes, reißt Deutsche aus der Verlegenheit, solchen Un-
„sinn theuer bezahlen zu müssen. Besondere Vorzüge
„sind die Deutlichkeit des Uebersetzers sowohl, als auch,
„daß alles zur Bauart mit Erde erforderliche genau und
„wörtlich ausgezogen wurde. Ingleichen der sehr wohlfeile
„Preis, da das Original 4 Fl. 36 Kreutzer kostet, und
„eine Zugabe welche nicht nur eine ausführliche Nach-
„richt von dergleichen Erden- oder Lehm-Bauart in Deutsch-
„land mit Bemerkung der Oerter, wo man Proben sehen
„kann, sondern auch nöthigen Büchern, so davon gehan-
„delt, angiebt, auch einige neue Vorschläge enthält.”
„Ueberhaupt ist diese Uebersetzung ein wahres Muster,
„nemlich das Ausländische mit kluger Auswahl und Ueber-
„sicht auf deutschem Boden zu verpflanzen.”

zwischen welchen die Wände gestampft werden sollen, da sie doch so herzlich einfach sind, daß sie aus den Kupfern und der Beschreibung sehr leicht eingesehen werden kön= nen, ebenfalls in Wien feil gebothen, und damit man= chen, wie es mir mit Herrn Cointereaux Modellen er= gangen ist, das Geld unnützer Weise aus der Tasche gelockt.

Da auch der Herr Cointereaux beständig davon re= det, daß er avec la terre seule, oder, nach der wört= lichen Uebersetzung mit bloßer Erde bauet, so ließ ich mir von ihm selbst eine Probe von derjenigen Erde über= schicken, aus welchen er seine Wände en pisé bauet. Es war zwar natürliche unzubereitete, oder nicht durch Auslesen gereinigte, sondern mit kleinen Steinen, Schie= ferstücken und Kalksteinchen vermischte, aber dabey doch eine fette Lehm= oder thonartige Erde; ich erinnere dieß, damit nicht jemand denken mögte, daß nach den teut= schen Uebersetzungen, eine jede Erde, ohne allen Unter= schied zu den Wänden der Häuser tauglich und gleich gut sey.

Die Methode und angeblich neue Erfindung des oft= genannten französischen Baumeisters, mit einzelnen Stei= nen zu bauen, weicht auch von der gewöhnlichen und von mir beschriebenen Bauart in nichts weiter ab, als daß er, so wie bey den von ihm vorher angerathenen, zu einem Stücke geschlagenen oder gestampften Wänden,

kein Stroh, Heu, Scheben, oder dergleichen trockene
Vegetabilien mit unter den Lehm gemischt wissen will,
indem er der Meynung ist, daß solche vergänglich sind,
worin er aber, nach vielfältigen Erfahrungen an den
mit Stroh vermischten Lehmstücken von Windelboden
oder gestackten Fächern aus den ältesten Gebäuden, un=
recht hat; und ich bin vielmehr mit dem Herrn von
Goldfuß und dem teutschen Baumeister Herrn Lange
in ihren vorhin angeführten Schriften überzeugt, daß
diese in den Lehm gemischten Materien, da ihnen der
Zugang der Luft benommen ist, sie auch nicht naß oder
feucht werden können, sich so gut wie der Lehm selbst er=
halten, und daß sie hauptsächlich die Verbindung und
Festigkeit der Lehmsteine bewirken, obgleich nicht zu
läugnen ist, daß nach einer gemachten Probe, auch nach
der Cointeraurschen Methode Steine von bloß ange=
feuchtetem, nicht nassem Lehm, die sehr fest zusammen=
gestoßen oder gestampft worden, von großer Festigkeit
sind. Nach allem diesem kömmt es nur darauf an, nach
dem Zweck dieser Blätter, diejenigen, welchen die An=
fertigung der getrockneten Lehmziegel oder sogenannten
Lehmpatzen, noch ganz unbekannt ist, davon zu beleh=
ren, andern aber, die aus meiner ersten Schrift oder
sonst schon diese Bauart kennen, noch manche seit der
Zeit gesammelte Erfahrungen, auch darnach gemachte
Verbesserungen vorzulegen.

Es ist demnach gut, obgleich so nothwendig nicht, als bey Ziegeln, die gebrannt werden sollen, wenn der Lehm zu den Lehmziegeln im Herbst ausgegraben werden, und den Winter durch auswittern kann. Sonst aber ist selbiger auch sogleich, als er ausgegraben worden, ohne sonderlichen Unterschied, zu gebrauchen.

Nachdem der Lehm mit Wasser gehörig erweicht worden, mischt man Roggenstroh, welches etwa 3 Zoll lang von einander geschnitten worden, und besonders Flachs= oder Hanfscheben darunter, und läßt es gut durcheinander treten; alsdann werden von dieser Masse in einer hölzernen Form, wie die gewöhnlichen zum Zie=gelstreichen, Ziegel gestrichen, die, wenn sie getrocknet, 11 Zoll lang, $5\frac{1}{3}$ Zoll breit und 6 Zoll hoch sind [21]), weshalb die Form etwas größer und etwa $\frac{1}{2}$ Zoll länger, auch einen viertel Zoll breiter und höher seyn muß, als das vorgedachte Maaß, weil der nasse Lehm nach dem Austrocknen schwindet, oder ein kleineres Volumen giebt. Diese Lehmziegel legt man einige Zoll weit aus einander, mit der breiten Seite auf der Erde, auf einen mit Sand bestreuten Platz, zum trocknen; wenn sie etwas betrock=

[21]) „Anfänglich wurden die Lehmpatzen 15 Zoll lang. $7\frac{1}{2}$ Zoll „breit und 6 Zoll dick gemacht, allein man bemerkte, daß „sie in dieser Größe schwerer trockneten, auch sehr unbe=„quem zu handthieren, und besonders mit Mühe in die „Höhe zu bringen waren, weshalb denn ein kleineres For=„mat angenommen worden ist.”

net sind, werden sie auf die hohe Kante gestellt, damit
auch die andere Seite betrocknet. Hierauf legt man sie
auf zwey nebeneinander auf der Erde gestreckte Latten,
ebenfalls einige Zoll weit auseinander, damit die Luft
alle Seiten der Ziegel bestreichen kann. Auf diese Reihe
setzt man eine zweyte quer über, wie die 23te Figur der
IIIten Kupfertafel zeigt, und so fort 8 bis 10 Reihen
Lehmziegel auf einander.

Hat man Gelegenheit das Streichen und Aufsetzen
der Ziegel zum Trocknen, unter einem bedeckten, jedoch
an den Seiten offenen Ort, oder in einem Schauer, wel=
ches die Luft durchstreichen kann, zu verrichten, so ist es
desto besser, und man ist auch gegen geringere Unfälle
gesichert, welche sonst nicht sowohl den noch ganz fri=
schen, als den schon etwas betrockneten Lehmpatzen
durch starke Platzregen begegnen können.

Muß das Streichen und das Trocknen aber im
Freyen geschehen, so bereitet man nach Fig. 23. Tafel
III., Stroh über die Lehmziegel dergestalt aus, daß die
Enden des Strohes auf beyden Seiten herüber hängen.
Damit aber das Stroh nicht vom Winde fortgeführt wer=
den kann, legt man ein mit etlichen Steinen beschwer=
tes Brett darauf.

Hiebey ist auch die Vorsicht zu gebrauchen, die auf=
gesetzten Reihen der Ziegel so weit aus einander zu stel=
len, daß das bey eintretendem Regen von dem herab=

hängenden Stroh einer Reihe herablaufende Waffer, nicht die andere erreichet.

Auf diese Weise schadet der Regen den Lehmzie= geln, zu deren Anfertigung der Frühling und Anfang des Sommers die beste Jahreszeit ist, so leicht nicht.

Bey guter trockner Witterung sind die Lehmziegel in drey, höchstens vier Wochen durchaus trocken, und er= halten, wenn gehacktes Stroh in gehöriger Menge und besonders viel Flachsscheben dazu genommen werden, eine solche Festigkeit, daß man nicht im Stande ist, mit dem Mauerhammer stückweise etwas davon loß zu hauen, sondern die zum Verband nöthigen kleinern, oder die sogenannten Quartierstücke, müssen mit einer Säge aus den ganzen Ziegeln geschnitten werden, daher man wohl thut, dergleichen absichtlich gleich formen zu laffen.

Die trocken gewordenen Lehmziegel können wegen ihrer Festigkeit auch auf die unebensten Wege, ohne Be= sorgniß des Zerbrechens, gefahren werden, und es ist daher vortheilhafter, wenn Waffer bey der Lehmgrube vorhanden, die Lehmziegel gleich bey selbiger zu machen, und sie nachher zur Baustelle anzufahren, als den Lehm an= zufahren und die Ziegel bey dem Bau zu bereiten, denn bey erstern Verfahren geht kein Lehm verlohren, auch ist zuwei= len bey der Baustelle nicht der erforderliche Platz zur An= fertigung und Aufsetzung der Lehmpatzen vorhanden, und die getrockneten Steine sind leichter als der feuchte Lehm.

Soll also die Anfertigung der Lehmpatzen auf dem Felde geschehen, so würde an einem Ort von etwa 24 Fuß lang und 12 Fuß breit, die obere Erde bis auf den Lehm auszugraben, und die Erde dergestalt an die Seite zu bringen seyn, daß sie bey dem Streichen der Ziegel nicht hinderlich fällt; alsdann hackt und gräbt man den Lehm etwa 6 Zoll tief auf, gießt Wasser darauf, und läßt es eine Nacht stehen. Am folgenden Morgen wird das gehackte Stroh und die Scheben hineingeworfen, alles wohl durcheinander getreten, und die Masse sodann mit eisernen Gabeln auf aneinander gelegte Bretter ausgeworfen, davon hernach die Ziegel in vorgedachter Art gestrichen und aufgesetzt werden; und so wird mit dem Aufgraben und der Zubereitung des Lehms in beliebiger Tiefe fortgefahren, oder es werden mehrere Löcher weniger tief ausgegraben, und die erstern mit der Erde, so darauf gelegen hatte, mit Zuhülfnehmung der aus den folgenden Löchern wieder zugeworfen, und zum Fruchttragen wieder geschickt gemacht.

Das Fundament eines mit Lehmpatzen aufzuführenden Gebäudes muß so tief in die Erde gelegt werden, als es die Beschaffenheit des Grundes erfordert, oder die allgemeinen Regeln es bey einem jeden Gebäude vorschreiben; da man vernünftigerweise schon überhaupt, so viel als möglich, verhüten wird, besonders Land-Gebäude auf nassem oder feuchtem Boden aufzuführen,

Lehmpatzengebäude aber in keinem Fall auf dergleichen Grund aufgeführt werden müssen, so wird eine Tiefe des Fundaments von ein und einem halben, höchstens zwey Fuß in der Erde mehrentheils hinreichend seyn; über der Erde muß das Fundament aber, zur Abhaltung des vom Dache ablaufenden und absprützenden Regenwassers, schlechterdings in jedem Fall, wenigstens ein und einen halben Fuß hoch seyn; die Breite des Fundaments richtet sich natürlicher Weise nach der Stärke oder Dicke der darauf aufzuführenden Wand, so daß das Fundament außerhalb um ein und einen halben bis zwey Zoll vorspringt. Innerhalb aber kann die Fundamentmauer mit der Lehmwand gleich oder bündig seyn, und da erstere in jedem Fall ein und einen halben Fuß über der Erde hoch werden muß, so kann, wenn die innere Ausfüllung oder der Fußboden des Hauses nur etwa $\frac{1}{2}$ oder 1 Fuß über der Erde nöthig ist, die übrige Höhe des Fundaments schon zur Höhe des Stockwerks gerechnet werden; wie a b, Fig. 24. Tab. III. zeigt.

Wo Feldsteine vorhanden sind, wird man ohne Erinnern das Fundament damit aufführen; jedoch müssen die obern zwey Schichten von Mauersteinen gemacht werden, einestheils um das Fundament völlig gerade abzugleichen, anderntheils aber, damit die Feuchtigkeiten, welche sich an den Feldsteinen anhängen, nicht die Lehmwand erreichen können.

Da nach der vorigen Erinnerung die Lehmhäuser nicht auf eigentlich naßem oder sumpfigtem Boden er= bauet werden müſſen, ſo kann um ſo mehr bey ſelbigen im Nothfall, um Koſten zu erſparen, das Fundament mit Lehm anſtatt des Kalkmörtels gemauert werden ²²). Jedoch iſt letzterer in allem Betracht beſſer dazu.

Die Dicke der Außenwände eines einſtöckigten mäſ= ſig breiten Wohngebäudes, deſſen Boden unterm Dache nicht mit Getrayde oder andern großen Laſten beſchweret wird, kann ein und einen halben Stein von vorher be= ſchriebener Größe betragen. In andern Fällen, bey Scheu= nen aber jederzeit, muß die Dicke der Außenwände we= gen des Seitendrucks des unausgedroſchenen Getraydes, und der mehreren Höhe dieſer Gebäude zwey Steine ſtark ſeyn; Scheidewände brauchen nur einen Stein ſtark zu ſeyn; jedoch wird es gut ſeyn, der mit den lan= gen oder Frontwänden paralelllaufenden Mittelwand die Stärke von 1½ Stein zu geben, weil auf dieſer die Balken in ihrer Mitte aufliegen, wo ſie den größten Druck ausüben.

Im übrigen werden dieſe Wände eben ſo mit Lehm im Verband gemauert, wie man die mit gebrannten Steinen mit Mörtel aufführet, und iſt ebenfalls auf möglichſt ſchmale Fugen, und dahin zu ſehen, daß ſel=

²²) „Mangers ökonomiſche Bau=Wiſſenſchaft. S. 100."

bige überall wohl mit Lehm ausgefüllet werden, und
innerhalb nichts offen oder hohl bleibe, außer daß man
die Fugen an den äußern Flächen der Wände, wegen
mehrerer Haltbarkeit des anzutragenden Kalkbewurfs,
hohl oder offen läßt.

In den Thüröffnungen der, einen bis ein und einen
halben Fuß breiten Wände, werden gepfalzte Zargen,
zum Einschlagen der Thüren, von 4 Zoll starken Bohlen
eingesetzt, in zweyfüßigen oder breitern Wänden aber,
weil man nicht so breite Bohlen erhalten kann, oder
auch in den vorgedachten Wänden in Ermangelung der
Bohlen, können aus kleinem Kreutzholze verbundene
Thürzargen, wie aus der 24sten Figur bey c und d zu
ersehen, eingesetzt werden. Ueber diese Zargen müssen,
wie in eben dieser Figur bey c gezeichnet, die Steine
bogenförmig gestellt oder Gewölbe geschlossen werden,
damit die Zarge nicht von der darüber stehenden Mauer
gedrückt werde.

In den Fensteröffnungen können zwar ebenfalls der=
gleichen Zargen von Bohlen oder von 3 bis 4zölligem
Holz gestellt werden. Es ist aber im Grunde nicht nö=
thig, und das Ansehen der Lehmhäuser kömmt dem der
massiven näher, wenn man die Fenster eben so mit einem
Anschlag Fig. 25 mauert, wie die massiven, an welchen
innerhalb bey f und g der Fensterrahm mit seinen aus=
wärts aufgehenden Flügeln, zu stehen kömmt, und
mit

mit Bankeisen befestiget wird. Die Fensteröffnungen
werden auch eben so, wie bey Gebäuden von gebrann=
ten Steinen, inwendig mit einem flachen Bogen, auf=
serhalb aber mit einem geraden oder scheidrechten Ge=
wölbe geschlossen; nur müssen die untergestellten Wölbe=
scheiben und Stege nicht eher heraus genommen wer=
den, als bis alles völlig getrocknet ist.

Das Dach wird auf Mauerlatten, theils in der
Hauptabsicht, warum solches überhaupt geschieht, nem=
lich um die Balken in ihrer richtigen Lage aufzubringen,
anderntheils aber auch bey den Lehmwänden vorzüglich
deshalb aufgerichtet, um den Druck der Balken gleich=
förmiger auf die Wände zu vertheilen, weßhalb ich sie
auch bey diesen Gebäuden, auf die Mittelwand anzu=
bringen gut finde.

Nach der Methode des Herrn von Goldfuß, in ge=
wissen Zwischenweiten in den Lehmwänden Pfeiler von
gebrannten Steinen, auch an den Ecken dergleichen auf=
zuführen, ingleichen die Thür= und Fensteröffnungen
mit solchen Steinen einzufassen, halte ich nicht nur für
überflüßig, sondern auch für nachtheilig, weil der Ver=
band mit den Lehmziegeln und den damit in der Größe
nicht zustimmenden gebrannten Ziegeln nicht gut be=
werkstelligt werden kann, es sey denn, daß man Mauer=
steine von der Größe hätte, daß sie, ob zwar kleiner,
als die Lehmziegel, dennoch mit selbigen passen und ein

D

Verband erhalten werden kann, alsdenn auch allenfalls
an den Ecken der Gebäude, des Abstoßens wegen, Pfei=
ler von gebrannten Steinen aufgeführt werden könnten;
denn die Besorgniß, welche Herr Lange S. 299 seiner
oft erwähnten Schrift äußert, daß, da die Wellerwände
sich sehr setzen, bis die Feuchtigkeit aus selbigen verflo=
gen, dadurch die Wellerwand sich von den Ziegeln
abtrennen würde, fällt hier weg, indem die Wän=
de von trocknen Lehmpatzen sich nicht mehr als die
von gebrannten Steinen setzen.

Die langen Wände der Lehmpatzengebäude werden
durch das 1½ bis 2 Fuß nach Fig. 24. Tab. III. über=
gebaute Dach gegen den anschlagenden Regen geschützt;
allein die Giebelwände und Dachgiebel, wenn letztere
nicht durch Walmendächer ganz, oder durch halbe Wal=
mendächer zum Theil wegfallen können, welche Wal=
men aber bey Strohdächern, des unbequemen Eindek=
kens wegen, nicht anzurathen, sind der Witterung mehr
ausgesetzt, als die Frontenwände; und es ist nicht zu
läugnen, daß besonders die nach Abend, Mitternacht,
oder der sogenannten Wetterseite gekehrten Giebelseiten,
und vorzüglich die obern Dachgiebel, dem Anfall der nas=
sen Witterung sehr ausgesetzt sind; daher ist es nicht
völlig haltbar, wenn man sie mit Lehmpatzen vor dem
hölzernen Verband des Giebels, wie sonst bey massiven
Gebäuden geschiehet, vermauert.

Wer sein Gebäude nicht mit Ziegeln oder Lehmschin=
deln, sondern nach der gewöhnlichen Art mit Stroh oder
Rohr decken läßt, und es also nicht für den äußern An=
griff des Feuers zu beschützen bemühet ist, der wird bes=
ser thun, den nach der Wetterseite gekehrten obern Dach=
giebel, auf die gewöhnliche Art ausstacken und auslehs
men zu lassen, und an dem Giebelbalken ein recht brei=
tes Schlaggebrett anzubringen, dessen obere Kante in
den Giebelbalken eingefugt und mit Theer gedichtet ist.
Die untere Giebelwand wird dadurch gegen den anschla=
genden Regen bedeckt, und dem obern Giebel kann doch
ein Mehreres nicht begegnen, als was gewöhnliche, aus=
gestackte und gelehmte oder verschlagene Giebel ausge=
setzt sind.

Soll aber bey einem feuerabhaltenden Dache, zu=
gleich auch auf Feuersicherheit bey den Giebeln gesehen
werden, so führe man den nach der Nord= oder der Abend=
seite gerichteten Giebel entweder ganz mit gebrannten
Steinen auf. Bey nicht allzugroßen Gebäuden wird ein
Stein stark mit Pfeilern von einem und einem halben
Stein für die untere Giebelwand hinreichend seyn; der
Giebelbalken wird dann um 6 Zoll von der äußern Flä=
che der untern Mauer zurückgelegt, und mit einem hal=
ben Stein vor und einem halben Stein Pfeilerweise ein=
wärts gegen die Stiele des verbundenen Giebels ver=
mauert, auch einige eiserne Anker an die Dachrähme

D 2

angebracht; oder: man maure auf der Giebelseite an
den Ecken und dazwischen einige Pfeiler von gebrannten
Steinen, schließe darüber, bis unter den Giebelbalken,
Bogen, fülle die Zwischenräume mit Lehmpatzen aus, und
führe auf der vorgedachten mit den Giebelbalken gleich,
mit gebrannten Ziegeln ausgeglichenen Mauer, den von
eben diesem Material aufzuführenden Brandgiebel auf.

Es wird doch noch immer Vortheil genug dabey
seyn, wenn man bey einem Gebäude drey Seiten und
alle innere Wände von ungebrannten Steinen aufführen
kann.

Will man aber auch bey großen Vorwerksgebäuden,
als Scheunen und Ställen, nicht gerne die Kosten zu
einem ganz maßiven Giebel, oder von gebrannten Stei=
nen, anwenden, so schlage ich vor, das Gebäude um
ein Gebind länger zu machen, das letzte oder Giebel=
gebind auf hölzerne, mit einer Schwelle versehene, oder
auf massive Pfeiler zu setzen, und den obern Giebel
auszulehmen oder mit Mauersteinen auszufachen; die
untere von Lehmpatzen aufgeführte Wand würde dadurch
völlig gegen den Anfall der Witterung gedeckt, und man
erhielte auf diesem Ende des Gebäudes einen über=
bauten Raum, der dazu dienlich seyn würde, Ackerge=
räthschaften oder andere Sachen darunter zu stellen.

Von dem innern Ausbau der Lehmhäuser ist weiter
nichts anzumerken, als daß bey selbigen in gemeinen

Zimmern die Fugen glatt ausgestrichen, die Wände mit
reinem Lehm abgerieben und mit einer Kalkschlemme
überzogen werden. Man kann aber auch, wenn man
will, papierne und andere Tapeten sehr sicher auf diese
Wände anbringen, weil sie weniger feucht, als die von
gebrannten Steinen sind, und es können allenfalls gleich
hölzerne Pfropfen zur Befestigung der Leisten, auch
der Spiegelhacken, mit eingemauert werden. Daß
man auch mit Lehmsteinen eben so sichre und feste Gewölbe machen kann, als mit jenen Steinen, hat die Erfahrung unbezweifelt bestätiget, und ich würde nur zu
weitläuftig werden, wenn ich außer den mir selbst bekannten Versuchen, auch noch die Versicherungen ver-
schiedener Autoren derüber anführen sollte.

Die Hauptsache bleibt nur noch, der äußere Ueberzug oder der Abputz der Lehmhäuser, um sie gegen die
Einwirkungen der Nässe zu schützen. In meiner ersten
Beschreibung habe ich das einfache Mittel angegeben,
die Fugen außerhalb etwas tief offen zu lassen, oder, selbige nicht mit Lehm auszufüllen, sodann aber einen gut
zubereiteten Kalkmörtel recht stark anzuwerfen, so, daß
selbiger in die offenen Fugen eindringe, und selbigen sodann mit dem Reibebrette auf die Wandfläche gerade
abzureiben. Noch habe ich, wie ich versichern kann, sehr
wenige Beyspiele, daß ein in der Art aufgetragener Putz
abgefallen seyn sollte; nächstdem habe ich auch versucht,

die Kalktheilchen mit denen des Lehms mehr zu vereini=
gen, und dadurch eine mehrere Festigkeit zu bewirken.
Es wurde dabey gerade so verfahren, wie der Herr von
Goldfuß den Abputz seiner Gebäude beschreibt: zuerst
wurden nemlich die Lehmpatzen und Fugen mit einem
Besen, dessen Spitzen etwas abgestutzt waren, von allem
Staube gereiniget, angefeuchtet, und denn mit Stroh=
lehm, wozu weiches und kurzes Stroh zu nehmen ist,
stark ausgeworfen, alsdann wurde alles mit dem Reibe=
brette, unter wiederholtem Aufsprengen mit Wasser, ge=
rade gerieben. Wenn der Lehm etwas übertrocknet,
aber doch noch weich war, wurden über und über mit
einem alten abgehackten Besen, dicht neben einander
kleine Löcher eingestoßen, und gleich darauf mit der
Kelle ein mit recht grobem Sande zubereiteter Kalkmör=
tel angeworfen, und solcher mit dem Reibebrette, (wel=
ches, damit es etwas rauh sey, mit Huthfilz zu überzie=
hen ist) mit den an den Löchern vorstehenden Lehmtheil=
chen, und in die Löcher selbst hineingerieben. Wenn
dieser Kalkanwurf wieder etwas übertrocknet, soll nach
der Anleitung des Herrn von Goldfuß, das Einstoßen
kleiner Löcher mit einem andern Besen wiederholt wer=
den, damit der Abputz das Ansehen eines Kraußwurfs
erhalte; es ist aber hinreichend, wenn der erste Ueber=
zug noch einmal mit Kalk mittelst eines Mauerpinsels
überschlemmt wird.

Auch diese Art des Abputzes hat sich gut gehalten, ist auch wohlfeil und leicht zu machen.

Nach allem diesem ist es auch mehrentheils hinreichend, die Lehmwände bloß mit einer scharfen Kalkschlemme zu überstreichen, und im Fall, daß dieser Abputz nicht lange haltbar seyn sollte, kann derselbe auch am leichtesten und mit geringen Kosten wiederholet werden. Endlich so hat die Erfahrung gelehret, daß Lehmwände, wenn der Lehm irgend gut war, sich ohne allen Abputz vollkommen gut gehalten haben ²³), und man siehet dies auch in vielen Dörfern an dem unabgeputztem Fachwerk.

Theuer und umständlich ist ein, die Nässe aber sehr vollkommen abhaltender Firniß, den der Freyherr von Dalberg in seinen oft erwähnten Beyträgen über die Baukunst, S. 21 bekannt macht, er schreibt nemlich vor:

1) Auf 1 Pfund Leinöhl nicht mehr als 4 Loth Pech und 8 Loth Bleyglätte zu nehmen.

2) Ist weiter nichts besonderes bey Verfertigung dieses Firnisses zu beobachten, als daß das Pech in

---

²³) Es schreibt mir jemand: „Voriges Jahr fiel wohl ½
„☐Ruthen von der Berappung eines Kuhstalls ab; Mangel
„der Zeit und andere Geschäfte ließen nicht an eine Wie-
„derherstellung gedenken; die Lehmpatzen sind aber an die-
„ser Stelle weder erweicht noch ausgewittert, ungeachtet
„des vielen Regens und in diesem Winter abgewechselten
„Frostes — ich bin daher auch Willens alles so zu lassen.”

kleine Stückchen, wann das Oehl schon warm ge=
worden, eingethan, und nebst der Bleyglätte so
lange gesotten wird, bis das Holz, welches man
zum herumrühren braucht, braun wird [24].

3) Ist bey Auftragung dieses Pechlackes nothwendig,
daß der Körper, auf welchen er getragen wird,
nicht kalt ist, und ganz trocken seyn muß; übri=
gens können 4 bis 5 Anstriche genug zur Wasser=
dichtigkeit seyn.

4) Da ein Pfund dieses Firnisses auf 3 Groschen zu
stehen kömmt, und mit solchem 18 Quadratfuß
viermal angestrichen werden können, so kömmt ein
Quadratfuß auf 2 Pfennige zu stehen.

5) Kömmt es bey Trocknung dieses Firnisses vor=
züglich auf die Witterung mit an, weil in warmen
Sommertagen etwa 2 bis 3 Tage, im nassen
Herbst aber wohl 8 bis 10 Tage erforderlich
sind [25].

[24] Dieses letztere soll wohl so viel heissen, daß man der
kochenden Masse eine solche Hitze geben müsse, daß sie bis
zum Entzünden heiß wird, und das Holz, womit umge=
rührt wird, vor Hitze braun wird, denn sonst wird solches
gleich von dem Firniß braun gefärbt; hiebey gehört auch
die Vorsichtsregel, daß man diese Masse in freyem Felde,
und nicht in Häusern zubereiten müsse.

[25] Die mehrere Zeit ist im Herbst wegen des langsamen
. Trocknens der ersten Ueberstriche nöthig.

Der Versuch, den ich mit diesem Firniß gemacht habe, bestätiget, daß derselbe in die Lehmsteine stark eindringt, daß zuletzt die Kruste desselben sehr fest sitzt, auch einen Glanz hat, und daß das Wasser, welches ich in horizontaler Lage der Fläche des Steins darauf goß, und einen ganzen Tag stehen ließ, weder den Firniß aufgelöset hatte, noch sonst durch, und in den Stein eingedrungen war. Wenn also eine vertikale Fläche oder Wand damit überzogen wird, woran sich das Wasser nicht aufhalten kann, sondern ablaufen muß, kann man sich wohl eine ungemeine Haltbarkeit und eine völlige Beschützung der Lehmwände gegen alle Einwirkungen der Feuchtigkeit versprechen, allein, der Quadratfuß dieses Anstrichs ist mir nicht auf 2, sondern auf 4 Pfennige zu stehen gekommen, welches also für Landgebäude zu theuer seyn würde, da es auf die Quadratruthe 2 rthl, und also ein solcher Abputz bey einem mittelmäßigen Bauernhause etwa auf 28 bis 30 rthl. zu stehen kommen würde. Indessen kann man sich doch dieses Firnisses in besondern Fällen bedienen.

Außerdem, da es bekannt ist, daß alle mit Theerwasser getränkten oder nur mehrmal überstrichenen Holzwände gegen Wurm und Angriff feuchter Luft vortrefflich geschützt werden, so hat auch die Erfahrung gelehrt, daß wenn man die Lehmwände bloß mit der sogenannten Theergalle, oder dem Wasser, welches aus den

Theeröfen während dem Brennen des Theers abläuft,
zwey bis drey mal überstrichen, nachdem die ersten An=
striche trocken geworden, solches anfänglich sehr tief in
dem Lehm eingezogen, nachher aber ebenfalls ein glänzen=
der Ueberzug entstanden ist, der dem Eindringen des Was=
sers fast eben so gut widersteht, als der vorgedachte Firniß.
Dieses ist unstreitig in Gegenden, wo in der Nähe
Theeröfen vorhanden sind, der wohlfeilste Abputz der
Lehmhäuser, weil dafür wohl wenig oder gar nichts be=
zahlt werden darf, und nur der Transport der Theer=
galle zu rechnen ist.

Sowohl der Abputz mit dem vorhingedachten Fir=
niß, als mit der Theergalle giebt, eine unangenehme
braune Farbe. Ein Zusatz von Kalk oder Kreide würde
die Farbe zwar etwas lichter machen, aber nie einen
weißen Abputz bewürken, dahingegen können rother Bo=
lus, gelber Ocher, Umbra, Mennige, wenn der Preiß
es zuläßt, andere, aber doch ins Dunkle fallende Cou=
leuren hervorbringen. Es müßte auch die dem Firniß
zuzusetzende Quantität ausgemittelt werden, damit der=
selbe nicht bröcklich würde und abspränge.

Nichts ist bey der Anweisung der beschriebenen Bau=
art gewöhnlicher, als die Frage, die ich keinem Bauen=
den verdenken kann: wie sich die Kosten derselben gegen
andere Bauarten verhalten? und doch ist nichts schwerer,
als diese zu beantworten, weil alles darauf ankommt,

ob diese oder jene Baumaterialien vorzüglich leicht und wohlfeil vor andern, zu bekommen sind. Z. B., wo gute Ziegelerde und Brennholz, oder noch besser, wo Torf ist, da brenne man Ziegel und baue massiv; wo kein guter Lehm vorhanden, dagegen aber Bauholz, da baue man von Fachwerk; wo aber guter Lehm zu bekommen, das Holz hingegen rar ist, wird man mit ansehnlichen Ersparungen an Baukosten den Lehmpatzenbau einfüh=ren können [26]).

[26]) Ich sehe mich genöthiget, meine Leser hierbey auf einen großen Irrthum in dem Werke:

„Anleitung zur Landbaukunst, von Kefer-
„stein, Königl. Landbaumeister in Brandenburg.
„Zweyte vermehrte Auflage. Leipzig 1791.
aufmerksam zu machen.

So rühmlich es ist, daß Herr Keferstein die Bauart mit Lehmwänden angelegentlich empfiehlt, so hat er doch sehr Unrecht, wenn er S. 302, den Wellerwänden den Vorzug vor den von getrockneten Lehmziegeln oder Lehm=patzen verfertigten aus dem Grunde geben will, weil es auf dem Lande öfters an Platz fehlte, die Lehmziegel aufzustellen und zu trocknen; und er behauptet gegen alle Erfahrung, daß es mit dem Trocknen der Weller=wände so viel nicht auf sich hätte. Herr Keferstein hält auch den Bau mit Lehmziegeln weit umständlicher und folglich kostbarer als jenen, weshalb diese Bauart, seiner Meinung, nach für den Landmann, zur Ausübung und Nachahmung wohl nicht so ganz zu empfehlen seyn dürf=te; er verspricht in der Folge seines Buchs, durch An=schläge, die Kosten zwischen massiven Wänden, Lehm=wänden, Lehmpatzenwänden und Holzwänden zu balan=

Ob aber auch da, wo der massive Bau nicht viel höher, als der Lehmpatzenbau, der Fachwerksbau aber wohl gar noch wohlfeiler zu stehen kommt, als diese Bauart, dennoch wahrer Vortheil dabey ist, den wohlfeilsten zu wählen, ist eine andere Frage, wobey es zuerst auf die Güte der gebrannten Mauersteine an-

ciren, und will dann die Wahl der Bauart jedem Landswirth nach Befinden der Umstände überlassen. S. 397 und folgende befinden sich denn diese Anschläge, und zwar von einem und eben demselben Büdnerhause, als:

„1) Zum Bau dieses Hauses von
Lehmpatzen 27 Fuß lang und breit,
wovon die Summa beträgt   353 rthl. — gr. — pf.

„2) Zum Bau desselben, massiv von
gebrannten Ziegeln, 25 Fuß lang
und breit, wovon die Kosten betragen   321 ; — ; — ;

„3) Zum Bau dieses Hauses von
Fachwerk sind die Kosten ausge-
bracht auf   276 ; 6 ; — ;

„4) Mit Wellerwänden zu erbauen 246 ; 12 ; — ;

Letzteres wäre also die wohlfeilste, und das Haus von Lehmpatzen zu bauen die theuerste Art, so daß es sogar den massiven Bau mit gebrannten Ziegeln um 32 rthl. übersteigt.

Sieht man bloß auf die Summen, so kann man freylich nicht besser von der Bauart mit Lehmpatzen abgeschreckt werden; denn, wer wird diese bey mehrern Kosten, vor der doch unstreitig bessern Bauart mit gebrannten Ziegeln, wählen.

Allein geht man in das Detail dieser Anschläge, so zeigt sich gleich, woher diese schon der Natur der Sache kommt. Man weiß es leider, wie diese an den mehresten Orten beschaffen sind, und ich könnte Beyspiele anführen, daß ich sie eine geringere Dauer habe leisten sehen, als die ungebrannten Steine; dergleichen schlecht gebrannte Steine sind, besonders bey schwachen Mauern, von welchen hier nur die Rede seyn kann,

nicht angemessenen Summen rühren. Das massive Haus soll Aussenwände von nur einem Stein stark haben, inwendig aber alles von Luftsteinen gemauert werden; Es gehören dazu nur zwölf tausend Mauersteine und zehn tausend Luftsteine. — Nach dem Anschlage No. 1. wird das ganze Haus von Lehmpatzen — gleichwohl sind dazu auch noch zehn tausend gebrannte Mauersteine angesetzt! — Zu dem Hause von Wellerwänden sind aber nur ein tausend gebrannte Steine angesetzt, weil Herr Keferstein bey diesem zum Fundament wohlfeile Bruchsteine auf der Stelle zu haben annimmt, bey dem Lehmpatzenbau sind aber dergleichen nicht als vorhanden angenommen, sondern daß das Fundament von lauter gebrannten Steinen, wovon das Tausend 10 Rthl. kostet, angefertiget werden müßte. — Noch mehr! bey dem Hause von Wellerwänden wird der Lehm als nichts kostend angesetzt, weil derselbe auf der Baustelle gefunden wird, bey dem von Lehmpatzen aufzuführenden Hause müssen aber 120 Fuder Lehm jedes für 4 Groschen angefahren werden. — Heißt das Kosten balanciren, wenn man schwierigere Umstände und höhere Preise bey einer Bauart annimmt als bey der andern? Auf diese Weise läßt sich nachweisen, daß es wohlfeiler ist in Berlin von Marmor zu bauen als in Italien; ich darf ja nur annehmen, daß ich hier welchen geschenkt bekomme, und ihn dort bezahlen müsse.

verwerflich. Wenn ich indeſſen dennoch dieſer Bauart den
Vorzug vor der mit Lehmziegeln verſtatte, ſo kann ich
ſolchen doch in Abſicht des ſogenannten Fachwerks nicht
einräumen. Einmal, der ſo großen Holzverſchwendung
wegen, die bey den durch Sturm und Raupenfraß ſo
ſehr mitgenommenen Forſten möglichſt eingeſtellet
werden ſollte, nächſtdem wegen des leichten Eindrin=
gens der Kälte durch dieſe dünnere Wände, und die
darin ſich hervorthuenden kleinen Spaltungen an
dem eingetrockneten Holze und Fachwerk. Die Wohn=
zimmer in ſolchen Häuſern erfordern alſo mehr Heitzungs=
materialien. In den Ställen aber leidet das Vieh von
der Kälte; auch wegen der öfters zu wiederholenden
Reparaturen, beſonders an Verſchwellungen, welches
außer den anſehnlichen Koſten, wenn gemeiniglich, die
ebenfalls angefaulten Ständer abgeſchnitten und unter=
mauert werden müſſen, doch auch noch mancherley Un=
bequemlichkeiten durch Ausräumung ſolcher Gebäude,
während des Verſchwellens, verurſacht, ſind dieſe Wän=
de die ſchlechteſten, auch weil dergleichen Gebäude, be=
ſonders Scheunen und Ställe, die wenige Scheidewände
haben, nicht ſo feſte gegen die Sturmwinde ſtehen, als
Gebäude mit dickern Mauern, die mit ihrer mehrern
Schwere, und da ſie mit einer breitern Grundfläche auf
den Fundamenten ſtehen, dieſen Kräften größern Wi=
derſtand leiſten können; endlich, gewähren hölzerne

Wände nichts weniger als Feuersicherheit; dahingegen sind die Vortheile der Lehmpatzengebäude schon umständ= lich dargethan worden, und es kömmt darauf an, ob selbst bey einer Vermehrung der Kosten, die doch immer nur geringe seyn kann, diese Bauart gegen jene nicht den Vorzug verdient.

Den Kostenanschlag zu einem Gebäude mit gewöhn= lichem Fachwerk, wird ein jeder Maurer und Zimmer= mann, selbst auf dem Lande, verfertigen können; damit man aber auch im Stande sey, einen Ueberschlag zu machen, was ein Bau mit Lehmpatzen dagegen mehr oder weniger kostet, so dienen dazu folgende Sätze:

I. Von dem Anschlag auf den Bau in Fachwerk gehet ab:

a) So viel Holz, oder dessen Werth, Anfuhr= und Beschlagerlohn, als zu den Schwellen, Stielen, Riegeln, Bändern und Rahmstücken der Wände nöthig war, welches nach der Zeichnung leicht auszumessen, zu zählen und zusammen zu rech= nen ist.

b) Die Hälfte des sonst erforderlichen Zimmerlohns für das Verbinden und Aufrichten des Gebäudes; weil der Zimmermann nur allein das Dach zu machen hat.

c) Die Materialien und das Arbeitslohn für das entweder auszumauernde oder zu stacken= und zu lehmende Fachwerk.

II. Dahingegen ist zum Lehmpatzenbau zuzurechnen:

a) Die Kosten für die Lehmpatzen, und zwar wird die benöthigte Menge derselben gefunden, wenn man die Länge einer jeden Wand, mit ihrer Breite, und dieses Faktum wieder mit der Höhe multiplicirt, alsdann alle diese Produkte addirt und die Summe mit 144 dividirt; der Quotient giebt die Anzahl der Schachtruthen [27]), welche die Mauern enthalten. Nun sind hierbey zwar die Thüren und Fensteröffnungen für voll gerechnet; es wird aber ziemlich zutreffen, wenn man dagegen für die Giebel keine Ziegel, und auch nichts für den etwanigen Abgang rechnet.

[27]) Eine Schachtruthe ist ein Maaß von 12 Fuß lang, 12 Fuß breit und einen Fuß hoch, welches mithin 144 Cubikfuß (oder Würfel von einem Fuß lang, breit und hoch) enthält. Es kann aber auch eine andre Länge, Breite und Höhe vorhanden seyn, wenn nur bey der Multiplikation der Länge mit der Breite und Höhe 144 herauskömmt. Z. B. 12 Fuß lang, 6 Fuß breit und 2 Fuß hoch ist auch eine Schachtruthe, denn multiplicirt man 12 mit 6 so giebt dies 72, und 72 mit 2 multiplicirt macht 144.

Giebt nun ein größerer Körper, z. B. eine Mauer durch die Multiplikation der Länge mit der Breite und Höhe mehr als 144, so enthält sie mehrere, und so viel Schachtruthen, als oft 144 in der gefundenen Zahl enthalten ist. Das etwa übrigbleibende sind Kubikfuß. Weiß man nun wie viel Ziegel und Arbeitslohn zu 144 derselben, oder zu einer Schachtruthe gehören, so ist leicht auszurechnen, wie viel solches auf die Kubikfüße beträgt.

Zu einer Schachtruthe gehören 550 Stück
Lehmpatzen von vorbeschriebener Größe, nemlich
von 11 Zoll lang 5½ Zoll breit und 6 Zoll hoch,
(sie sind also über noch einmal so groß als ge=
wöhnliche Mauersteine). Multiplicirt man nun
die nach der vorherigen Anweisung gefundene Anzahl
der Schachtruthen mit 550, so hat man die ganze
erforderliche Quantität, wozu auf ein tausend
Stück 24 Fuder Lehm zu 10 Kubikfuß, mit Inbe=
griff desjenigen, der zum Vermauern nöthig ist,
ferner zu ein tausend Lehmpatzen, 10 Bund Stroh
zu Hexel und 4 Scheffel Scheben gehören.

b) Müssen die Kosten für das Fundament ungefähr
doppelt so hoch angerechnet werden, als bey einem
Gebäude von Fachwerk.

c) Für die Schachtruthewand von Lehmpatzen auf=
zuführen ist an Mauerlohn 1 rthl. 12 gr., und
sind dabey, wie bey einer jeden Maurerarbeit
geschiehet, die Thüren= und Fensteröffnungen für
voll zu rechnen, weil der Maurer mit Anfertigung
der Anschläge und Ueberwölbung der Fenster so
viel als bey der vollen Mauer zu thun hat. Auch
kömmt das Ausmauern der Giebel, jeder zu 2 bis
3 rthl. mit in Rechnung.

d) Erfordert ein Gebäude von Lehmpatzen einige
Stücken Holz mehr gegen den Fachwerksbau, nem=

E

lich zu den Mauerlatten und Thürenzargen, auch
muß das Schneidelohn für dieses Holz und für
Anfertigung der Zargen, das Stück zu 12 bis 16
gr., mit angesetzet werden.

c) Wird wegen des Vorragens der Balken und weil
die mehrere Dicke der Lehmpatzenwände, der
äußere Umfang des Gebäudes etwas vergrößert,
und die Dachfläche um etliche Quadratruthen größer
gemacht, wofür die Kosten mit zu berechnen sind.

In Absicht des Abputzes wird aber bey beyden Bau=
arten kein sonderlicher Unterschied seyn, und eben so
sind die übrigen Kosten als für die Thüren, Fenster,
Oefen, Fußboden, Decken, Treppen u. s. w. völlig
gleich, es werde das Gebäude von Fachwerk oder mit
Lehmpatzen aufgeführet.

Bey dem Schluß dieser Schrift erfuhr ich von dem
hiesigen Feuerbauinspektor Herrn Jachtmann²⁸), daß
derselbe nächstens eine Anweisung zum Bau der allge=
meinen Backhäuser auf dem platten Lande, sowohl in
Rücksicht der Holzersparung als zur Verhütung der
Feuersgefahren herausgeben wird.

Nach einigen Zeichnungen, welche Herr Jachtmann
mir zeigte, schlägt er dabey den Gebrauch der Lehm=

---

²⁸) Verfasser einer kleinen sehr nützlichen Schrift, betitelt:
Anweisung zur Holzersparung. Berlin bey Carl
Spener, 1794.

patzen, selbst zu Wölbungen über die Backhäuser vor,
wozu er sich durch den glücklichen Erfolg eines Versuchs
berechtiget hält, indem nemlich das in einem Zimmer
des auf seiner Besitzung zu Königs=Wusterhausen erbau=
ten Hauses von Lehmpatzen, mit selbigen nnd mit Lehm
gemauerte Gewölbe, sich nun seit drey Jahren völlig
unbeschädiget erhalten hat, und Herr Jachtmann ver=
sichert, daß auch der ziemlich stark angetragene äußere
Kalkabputz an diesem Gebäude, samt den vorspringenden
Lesseen, Tafeln, Fenstern und Thüreinfassungen, sich
bis jetzt so vollkommen gut erhalten hätten, als ich sel=
bige gleich nach der Erbauung des Hauses gesehen habe.

Um den Abputz auf den Lehmpatzen recht festhaltend
zu machen, ist bey diesem Gebäude folgendes beobach=
tet worden.

Es sind nemlich eine Anzahl Lehmpatzen nach Fig.
26. Tab. III. in einer dazu eingerichteten Form, mit Ein=
schnitten gestrichen worden; diese Ziegel wurden bloß
zu den Laufschichten a b, a b Fig. 27 auf eben dieser
Kupfertapfel, gebraucht.

Bis auf die Dicke der Stoßfugen c Fig. 26 an ein=
anderliegend, entstand immer zwischen zwey Ziegeln
eine schwalbenschwanzförmige Fuge d, welche mit dem
angeworfenen Kalkmörtel ausgefüllet wurde, und den
mit denselben zusammenhängenden an die äußere Fläche
aufgetragenen Mörtel vollkommen fest hält.

Allgemein mögte dieses wohl einigermaßen weit=
läuftig zu seyn scheinen; wer indessen in besondern Fäl=
len, um einem Gebäude mehr Ansehen zu geben, den
Abputz etwas dick auftragen, und Lesseen, Thüren und
Fenstereinfassungen daran anbringen will, der kann ohne
weitere Umstände, als daß eine Form zur Anfertigung
der Läufersteine gemacht wird, sich dieses Verfahrens
bedienen.

Nachtrag.

In der von mir im vorigen Jahre herausgegebenen Beschreibung der Feuerabhaltenden Lehmschindeldächer ꝛc. habe ich zwar so viel, als meine Geschäfte es mir damals erlaubten, meinen Lesern nicht allein eine Ubersicht und die Vortheile dieser Bedachungsart vorstellig zu machen mich bemühet, sondern auch die nöthigsten Handgriffe mitzutheilen gesucht, vermittelst welcher ein jedweder, mit der erwähnten Bedachungsart, einen Versuch machen könnte.

Bey neuerlicherer Ausführung eines solchen Daches bothen sich mir indessen doch noch mancherley Vortheile, sowohl bey der Zubereitung der Lehmschindeln selbst, als auch bey der Aufdeckung derselben, hin und wieder dar, die mir vortheilhaft genug schienen, um sie meiner vorjährigen Beschreibung beyzufügen. Obgleich hierdurch manche Stellen sich abändern, so wird das Ganze der vorgedachten Beschreibung doch deshalb nicht unbrauchbar; es würde also überflüssig seyn, auch zum Nachtheil derjenigen gereichen, die gedachte Beschreibung schon besitzen, wenn ich sie gänzlich umändern wollte.

Da indeſſen die Paragraphen von 2 bis 7 beſon=
ders manche Abänderungen erleiden müſſen, ſo würd=
den die Einſchaltungen den Leſer nur verſäumen, und
ich habe alſo, um ſolches zu vermeiden, ſelbige lieber
ganz neu bearbeitet. Man beliebe dahero vorgedachte
Paragraphen in der Beſchreibung gänzlich zu überſchla=
gen, und an ihre Stelle die umgeänderten in dieſem
Nachtrage zu leſen.

So iſt auch dasjenige was im achten Paragraph
der erſten Beſchreibung zu Anfange geſagt worden,
im dritten dieſes Nachtrages ſchon eingeſchaltet; und
ſtatt Fig. 5, 7 bis 11, ſind die Figuren auf beylie=
gendem Kupferabdruck anzunehmen, die zum Unter=
ſchiede von denen in der Beſchreibung, mit lateiniſchen
Buchſtaben bezeichnet ſind.

Um die Lehmſchindel=Dächer deſto mehr zu empfeh=
len, füge ich ſub No. I. das bei einem angeſtellten
Verſuch abgehaltene Protokoll bei, ſub No. II. ein
Schreiben des Herrn Bürgermeiſters Tietz zu Cammin
in Weſtpreußen, an den Herrn Kriegs= und Baurath
Böthke und ſub No. 3. ein Zeugniß von dem Herrn
Grafen v. Podewils auf Guſow, daß dieſe Dächer,
ſelbſt bei einer ſehr flachen Lage, das Durchdringen des
Waſſers abhalten, und endlich bemerke ich, daß ich in
dem Dorfe Schönberg bey Berlin ein ſolches Lehm=
ſchindeldach habe anfertigen laſſen, welches jedermann,

pen das ländliche Bauwesen interessirt, in Augenschein nehmen kann, und daraus sehr leicht die Ueberzeugung von der Güte dieser Dachart entnehmen wird.

Ich glaubte in dem neuerlich unter dem Titel:

Einige Vorschläge, dem Bauholzmangel ab= zuhelfen, vorzüglich durch Einführung der Lehmbacksteinhäuser, von M. J. B. Siegling. Erfurth bey Görling. 1795.

erschienenen Buche, etwas zweckmäßiges für den hier abgehandelten Gegenstand zu finden; hier sind aber die Vorschläge des Hrn. M. J. B. Siegling, in Absicht der feuersichern Dächer. Er sagt nemlich:

„Die Bedeckung des Dachs kann auf zweierley Art „geschehen, ohne Ziegeln und mit Ziegeln. Ohne „Ziegeln, indem man die Latten, nachdem sie vor= „her wie Windelhölzer mit Strohlehm umwunden „sind, drey Zoll weit von einander auf die Sparren „angenagelt, alsdann die Zwischenräume mit Stroh= „lehm ausfüllt, so wie auch die Latten mit solchem „überziehet. Wenn dieser Ueberzug gehörig abge= „trocknet ist, bereitet man Lehm mit Angen ver= „mischt, und machet damit einen Ueberzug ohnge= „fähr einen halben Zoll stark. Da nun dieses alles „zwar dem Feuer aber nicht der Näsfe widerstehet, „so muß eine Bedeckung noch darauf kommen,

„welche dem Regen, Schnee und Sonnenscheine
„widerstehet, ohne daß sich solche trennet; hierzu
„könnte die im 29. §. zum Bodenestrich bestimmte
„Masse *) gewählt werden, welche ¼ Zoll stark auf-
„getragen werden muß. Der Herr Bau-Inspektor
„Schmidt hat mit dieser Mischung einige Versuche
„gemacht, sowohl in horizontaler Lage, wo Schnee,
„Regen und Sonnenschein solche nicht zerrissen ha-
„ben, als auch an Wänden; es wäre also zu ver-
„suchen, ob dieses Mittel auch bey solchen Dächern
„als brauchbar empfohlen werden könnte. Der
„Erfinder würde alsdann für seine Bekanntmachung
„noch mehr Dank verdienen.“

Weil nun hier angeführt wird, daß der Herr Bau-
Inspektor Schmidt Versuche mit dem gedachten Ueberzug gemacht hat, und daß dieser Ueberzug sich sogar in der
horizontalen Lage ohne zu zerreissen, (womit vermuthlich gemeint ist ohne Ritzen und kleine Borsten zu
bekommen) erhalten hat, so müßte ja von selbst folgen,
daß ein solcher Ueberzug sich auf einer schrägen Dach-

---

*) Diese Masse soll nehmlich aus folgender Mischung bestehen:
Vier Theile ungelöschten Kalk, zwey Theile Sand, zwey
Theile fingerlang gehacktes Heu, ein Theil Ziegelmehl, und
endlich ein Theil frische Pferdekrepfeln. Diese Mischung soll
nicht nur sehr dauerhaft, sondern auch sehr feuerfest seyn.
(Weswegen auf den Reichsanzeiger vom Jahr 1794 Decem-
ber-Stück, Bezug genommen wird.)

fläche noch beſſer erhalten würde; allein, ohne den
mir unbekannten Herrn Bau = Inſpektor Schmidt
und den Verfaſſer der Vorſchläge, dem Bauholzmangel abzuhelfen, beleidigen zu wollen, muß
ich doch geſtehen, daß ich die Richtigkeit des Anfüh-
rens bezweifle: denn der Lehm trocknet zuſammen,
ziehet ſich von dem untermengten gehackten Heu
ab, die geringſten nicht völlig aufgelöſten Theile des
ungelöſchten Kalks werden ſich, wenn ſie wieder naß
werden, erſt auflöſen, und dadurch müſſen ſchlechter-
dings kleine Riſſe und Vorſten entſtehen, welche ein
nach einer langen Dürre plötzlich erfolgender Regen
durchdringt, wodurch ohnfehlbar alles erweicht werden muß.

Wie vortreflich wäre der von dem Herrn Coad-
jutor v. Dalberg in ſeinen Beiträgen zur
Baukunſt vorgeſchriebene Firniß zum Anſtrich auf
Lehmſteinen, wenn die Verſuche nicht mir ſelbſt gelehrt
hätten, daß dergleichen kleine Riſſe darin entſtehen,
in welche die Feuchtigkeit eindringt, und den Überzug
blätterweiſe ablöſet.

Ich denke alſo, daß dieſe vorgeſchlagene Bedachungsart nicht einmal eines Verſuchs bedarf, der
jedoch leicht gemacht iſt, und von mir nicht unterlaſſen
werden ſoll, mit dem Wunſche, daß meine Zweifel dadurch widerlegt werden mögen.

A 4

Für jetzt halte ich aber dafür, daß die von mir beschriebnen Lehmschindeln, wobey fast gar kein Lehm außerhalb dem Dache angebracht ist, noch den Vorzug vor jener Deckungsart haben.

Ich kann auch versichern, daß bey dem Dache auf meinem kleinen Etablissement in dem Dorfe Schön= berg, bey dem beständigen Regenwetter welches wir seit drey Monathen gehabt, inwendig unterm Dache und an der innern Lehmfläche der Lehmschindeln nicht die geringste Feuchtigkeit oder Nässe zu verspüren ist.

Außerdem sind mir noch einige Zweifel über die von dem Hrn. M. J. B. Siegling vorgeschlagene Verbindung der Dächer, theils um weniger Holz als sonst dazu zu gebrauchen, theils um die Feuersbrünste zu vermindern, aufgestoßen. Hr. Siegling will nemlich zu dem Ende keinen Dachstuhl haben, sondern zur Unterstützung der Sparren, zu jeder Seite des Dachs, ein Paar horizontal liegende Hölzer anbrin= gen, auf welchen die Sparren verkämmt sind. Diese horizontale Hölzer erhalten mit ihren Enden die Auf= lager auf die Giebel; es frägt sich aber, wie lang das Gebäude seyn soll? Das geringste Landgebäude hat mehrentheils eine Länge von 30 bis 40 Fuß. In die= ser dürften aber die vorgedachten horizontalen Hölzer wohl schwerlich ohne Unterstützung für das Einbiegen gesichert seyn.

Es würde hier zu weitläuftig seyn, umständlich zu zeigen, daß die Sparren bey einer mittelmäßigen Länge bloß durch den Kehlbalken in ihrem, und in dem Schwerpunkte der Bedachung unterstützt werden, und daß ein bis zwey Dachrähme zum Verband des Dachs nach der Länge, hinreichend sind, daß aber diese Dachrähme nach Verhältniß ihrer Länge durch einige Ständer unterstützt werden müssen; So ist der gewöhnliche solide stehende Dachstuhl beschaffen, von welchem Herr Siegling sich bey einer sehr geringen Holzersparung, auf eine der Festigkeit nachtheilige Art entfernt.

Der zweyte Vorschlag des Hrn. M. J. B. Siegling, die Bedeckung mit Ziegeln betreffend, geht dahin, Dachziegel mit einem halben Falz anzufertigen.

Wer nur einigermaßen Kenntniß von Verfertigung der Ziegel hat, der wird leicht einsehen, daß dieser sonst schon von andern hervorgebrachte Gedanke, so leicht nicht ausführbar ist, indem es sehr schwer hält, so ganz vollkommen gerade Ziegel zu erhalten, als diese Art von Dachziegeln es doch seyn müßten. Es ist eine Haupt-Eigenschaft der Dachziegel, sie von der besten Ziegelmasse, und dabey zugleich so dünne als möglich anzufertigen. Im letzteren Umstand liegt aber zugleich der Grund, warum es so schwer ist, ihre Flächen beym Brennen vollkommen gerade zu erhalten; und wie schwach würde bey

dünnen Dachziegeln der vorstehende Theil des Fal-
zes ausfallen? An wie vielen Dachsteinen würde
derselbe nicht auch beym Aufsetzen — Aufladen —
Transport — Auflangen aufs Dach — und beym Ein-
decken, abbrechen?

Zur Befestigung der, nach der Angabe des Herrn
Siegling mit Strohlehm, wie die Windelboden-Staa-
ken, umwundenen Latten, müßen denn doch auch schon
ansehnlich viele und starke eiserne Nägel genommen
werden. Es scheinen also diese Vorschläge des Ver-
suchens nicht werth zu seyn.

———————

Bey No. 1. Seite 11. der ersten Beschreibung der
Lehmschindeln, ist zu bemerken: Daß die an den Seiten
des Tisches befestigten beiden Seitenbretter d b und c a
Fig. 1. nur circa ¼ der Länge des Tisches (von der hin-
tersten Queerleiste angerechnet) einnehmen dürfen, weil,
wenn selbige bis an die Kante des Tisches d c gehen, sie
den Arbeitern beym Umschlagen des Strohes hinderlich
sind. In Fig. A. ist diese Veränderung bei f und e
deutlich wahrzunehmen.

2.

Ist der Tisch fertig, so breitet man auf demselben
etwas zusammengedrücktes Stroh, drey Zoll hoch, dergestalt auseinander, daß die untern- oder Wurzel-
Enden des Strohes an die Leiste a b, die Aehren-

Enden aber über den Rand c d des Tisches um ¼ der Länge des Strohes überragen. Nachdem das Stroh gut geebnet, legt man mit einer Schippe oder Schaufel so viel von dem erweichten guten fetten Lehm, den man zuvor von kleinen Steinen, Holzspähnen und dergleichen gereiniget hat, in der Gegend bey f e der ersten Figur Litt. A., streicht den Lehm mit dem Streichholze oder Schlicht auf beiden Seiten ungefehr bis h g und v w auseinander, so daß das Stroh etwan einen Zoll hoch damit übertragen bleibt.

In sofern die Breite der Lehmschindeln auf 2½ Fuß festgesetzt würde, müssen vor ihrer Anfertigung noch Stöcke von drey Fuß lang, die auf jeder Seite drey Zoll über die Schindel reichen, und etwa einen Zoll dick sind, von gespaltenem kiehnen Holze, oder von geraden Haseln vorräthig angeschafft werden. Von diesen Stöcken nimmt der Arbeiter einen g h, Fig. A. legt ihn an den Enden der Leisten queer über das Stroh, bewindet selbigen an beiden Seiten 1 und 2, nach Fig. H. mit etwas von dem über den Tisch herabhängenden Stroh, ungefehr ½ Zoll dick, und verstreicht sodann die überbleibenden Strohhalme 3 und 4 dieses Umschlags, mit Lehm. Ist nun der darauf gelegte Lehm mit dem Streichholz gut geebnet und ausgeglichen, so nehmen beide Arbeiter sodann einen andern Stock, fassen damit unter die herabhängenden Aehren-Enden

des Strohs, und schlagen es mit dem Stock i k Fig. A.
über den zuerst gelegten g h, fest über, wie aus Fig. 5.
zu ersehen, und streichen noch einen Zoll dicken Lehm
über das übergeschlagene Stroh, um das Zurücksprin=
gen desselben zu verhindern. Solchergestalt verbindet es
sich mit der zuerst auf e f Fig. A. aufgetragenen Lehm=
fläche, worauf die obere Seite des Strohes ungefehr bis
v w mit eben einer solchen Lehmfläche von einem Zoll
dick, übertragen wird. Weswegen denn auch diese Schin=
del nicht wie Fig. 5, sondern wie Fig. L. sich darstellt.

Den zum Umschlagen des Strohs gebrauchten Stock
i k Fig. A., schiebt ein Arbeiter unten ungefehr bis in
die Mitte der Lehmschindel, faßt mit jeder Hand an
die Enden h und k der beiden Stöcke, ein andrer Ar=
beiter aber eben so auf der andern Seite an die Enden
g und i Fig. 6. *), und so tragen sie die Lehmschindel an
den zum Trocknen bestimmten Ort, und legen sie auf
die vorher mit etwas Stroh bedeckte Erde. Auf diese
Schindel können noch vierzehn andre gelegt werden,
um dadurch zugleich das Ueberzählen zu erleichtern.
Die obersten Schindeln müssen mit etwas Stroh be=
deckt werden, weil sie sonst zu schnell trocknen und auf=
reißen, oder von der Sonnenhitze abblättern würden.
Um dieses Abblättern aber überhaupt zu verhüten,
muß, wie bereits erinnert worden, der Lehm nicht zu

---

*) (der ersten Beschreibung)

mager oder mit zu vielem Sande vermischt, und von kleinen Steinen gereiniget seyn.

In einem Tage können zwey Arbeiter ein bis ein und ein viertel Schock dergleichen Lehmschindeln verfertigen.

Außer diesen jetzt beschriebenen Lehmschindeln müssen noch einige andere verfertiget werden, welche gegen die vorigen darin verschieden sind, daß das Stroh am Wurzel = Ende vorher nicht abgehauen (gestutzt) werden darf, sondern am untersten Ende ganz irregulair bleiben kann, weßhalb denn diese Schindeln auch etwas länger als die vorigen ausfallen.

Von dieser Sorte werden wiederum einige g a n z, und einige andere nur bis auf d i e H ä l f t e mit Lehm bestrichen. Fig. I. zeiget die erste, und Fig. K. die zweite Sorte dieser Schindeln: erstere werden beym Decken auf die z w e y t e, und letztere auf d i e d r i t t e Latte von u n t e n angebracht.

Damit nun aber auch das vom obern Theil des Daches herunter fließende Regenwasser sich nicht durch die unterste Reihen der Lehmschindeln durchziehen, und die auf den Balken befestigten Bodenbretter beschädigen könne: so werden unter jede Schindel der untersten Reihen, noch besonders S t r o h p u p p e n gelegt. Von diesen S t r o h p u p p e n, welche vollkommen drey Fuß lang, und unten am Sturz oder dicksten Ende 6 bis 7 Zoll halten können, werden immer zwey und

zwey mit einem Strohbande, wie Fig. B. zeiget, und
zwar so, daß das Band mehr nach den Wurzel=Enden
zukömmt, um das Herunterrutschen zu vermeiden,
aneinander gebunden; und damit sie so dichte wie mög=
lich aneinander kommen, werden sie noch einigemal,
entgegengesetzt, um einander gedreht, das heißt,
man drehet die eine Strohpuppe Fig. B. mit der Spitze n
von sich, und die Spitze m so lange nach sich, bis das
Strohband bey o, dadurch so verkürzt ist, daß beide
Strohpuppen in eben derselben Lage, wie Fig. B. zei=
get, dicht an einander schließen.

In beide Strohpuppen werden nun noch mit einem
Beile zwey Abstuffungen eingehauen, wie aus der
Fig. B. bey a und b und Fig. C. im Profil zu ersehen.
Dies dient dazu, damit das darauf zu legende Stroh,
Fig. E., dessen Anwendung weiter unten bey der
Aufdeckung gezeiget wird, sich nicht so leicht hervor=
ziehen kann.

Ist die Breite der Lehmschindeln zu $2\frac{1}{2}$ Fuß fest=
gesetzt, so nimmt man am besten fünf dergleichen
Strohpuppen auf eine Schindel, wovon die einzelne
in die Mitte gelegt wird.

Wenn nun die Lehmschindeln ziemlich trocken
sind, so wird zur Aufdeckung derselben auf das Dach
geschritten.

3.

Nachdem die von Mitte zu Mitte vier Fuß auseinander stehenden Sparren, *) nach gewöhnlicher Art einen Fuß weit **), mit geschnittenen oder geflößten gewöhnlichen Latten belattet, auch auf die Aufschieblinge p Fig. F. eine Diehle q, mit zweyzölliger Auslandung vor dem Balkenkopf, und eine andere bey n o, von welcher ungefehr ⅞ über dem Balkenkopf hervorstehen muß, schräg aufgenagelt worden: so wird zuerst die Verkleidung oder Borte gemacht.

Die Stroh- und Rohrdächer werden gewöhnlich an den Giebelseiten mit einem Brette verkleidet, bey den Lehmschindel-Dächern geschiehet dieses aber mit kleinen Strohpuppen Fig. D.; selbige sind von etwa drey Fuß Länge und vier Zoll Dicke am untersten Ende, und auf die Art wie die vorhin beschriebenen großen Strohpuppen, mit einem Strohbande zusammen gebunden.

Vorausgesetzt, daß die Latten einige Zoll über die Giebelsparren hervor ragen, so werden selbige mit drey Haseln- und Weidenstöcken Fig. M. z und z wechselsweise beflochten; alsdann nimmt man zuerst eine von den vorhin beschriebenen großen Strohpuppen, leget diese mit der äußersten Kante o des Brettes n o

*) m s. Anmerkung S. 14. in der ersten Beschreibung.
**) Bey der hier angenommenen Länge der Lehmschindeln würde man auch die Latten 13 Zoll von Mitte zu Mitte befestigen können.

Fig. F. gleich, und bindet selbige unter dem Stroh=
Bande (um das Herausschurren zu verhindern) mit
einer Ruthe von Weiden fest. Ueber diese werden nun
die kleinen Strohpuppen, Fig. D., nach und nach auf
einander gelegt, und ebenfalls unterm Strohbande s,
Fig. M., mit einer Weidenruthe t angebunden: so daß
immer zwischen zwey Latten drey kleine Strohpup=
pen zu liegen kommen, wie solches bey Fig. M. eben=
falls nachzusehen ist.

Wenn nun dieses bis an die Forst besagtermaßen
kontinuiret worden, so wird die äußere Seite vorlängst
den Strohpuppen gut mit Lehm verstrichen, und zur
Auflegung der Lehmschindeln geschritten. Dies ge=
schiehet auf folgende Weise.

4.

Es wird nemlich eine von der No. 2. beschriebenen
zweyten Sorte, ganz mit Lehm bestrichene Schin=
del Fig. I., auf die zweyte Latte von unten gelegt,
so daß die mit Lehm bestrichene Seite, welche auf dem
Tisch die obere war, jetzt die untere wird, gut an die
Giebel=Verkleidung angeschoben, und mit Weiden=
Ruthen v v Fig. M., an jedem Ende der Schindel 1,
an die Latte fest gebunden: alsdann wird die äußere
Seite vollkommen einen Zoll stark mit Lehm bestrichen,
und hierauf die großen abgeschrägten Strohpuppen

Fig.

Fig. B. mit der äußern Kante o des Brettes n o
Fig. F. gleich, aufgelegt, und einen Zoll hoch mit
Lehm bestrichen. Wie dieses sich auf der darunter lie=
genden Schindel 1 bezeichnet, ist bey w w Fig. M. und
Fig. F. im Profil bey x zu ersehen.

Hiernächst nimmt man gerades langes Stroh, soviel
als man mit einer Hand fassen kann, dreht selbiges ein
paarmal um, biegt es an den Halm = Enden ungefehr
bey ¼ der ganzen Länge zusammen', wie bey Fig. E. zu
sehen, und legt mehrere dergleichen Bündel der Länge
nach, auf vorgedachte Strohpuppen w w, in die Gegend
der ersten Abstufung a Fig. M. neben einander. Dieses
Stroh wird ebenfalls und zwar etwas über die Hälfte
mit Lehm bestrichen, und nun wird erst auf die dritte
Latte die zweyte Schindel 2, von der zweyten Gattung
Fig. K., deren eine Seite nur bis zur Hälfte mit
Lehm bestrichen, aufgelegt, und mit Weiden v v an
den Enden an die Latte angebunden.

Die Enden dieser Schindeln werden auch noch mit
Lehm verstrichen, mit dem Streichholz gut auseinan=
der geglichen, und die von dem ausgebreiteten Stroh
herunter hängenden Halme h, h, vermittelst eines
untergehaltenen Beils, mit einem abgerundeten Knüp=
pel Tab. 1. Fig. 12. abgeschlagen.

m. s. 5te Anmerkung, der ersten Beschreibung S. 16.

B

5.

Die weitere Aufdeckung der Lehmschindeln bis zur Forst ist ganz einfach, denn es wird nemlich eine von den No. 2. zuerst beschriebenen und mit Fig. L. bezeichneten Lehmschindeln auf die vierte Latte gelegt, und mit zwey Weiden angebunden. Auf diese Weise wird bis zur Forst kontinuirt, und die Decker nennen eine solche Reihe Lehmschindeln von der untersten Latte bis zur Forst, einen Gang.

Wenn nun der zweyte Gang aufgelegt wird, so müssen die Schindeln an der Seite so scharf zusammen gezogen werden, daß sie sich in etwas überdecken; dies ist leicht zu erhalten, wenn jede Schindel an der Seite vermittelst eines kleinen Pflöckchens, so lange etwas in die Höhe gehoben wird, bis die ihr an der Seite zunächst anliegende Schindel völlig untergeschoben ist. Die drey Zoll zu jeder Seite der Lehmschindel heraus- stehenden Stöcke müssen so neben einander verbunden werden, daß, wenn von der Schindel B, Fig. 13, Tab. III., das eine Ende des Stocks v, unterwärts über die Schindel C überliegt, das andere Ende w des Stocks aus der Schindel C oberwärts oder nach der Außenseite des Dachs über die Schindel B liegt, und so muß immer der Stock der einen Schindel, über den Stock der zweiten Schindel überbinden.

Sobald nun das Dach auf der einen Seite völlig

eingedeckt, und auf der andern Seite ein Gang fertig
ist, so wird, wegen mehrerer Bequemlichkeit, die
Deckung der Forst sogleich theilweise vorgenommen,
und folgendermaßen bewerkstelligt.

6.

Zuerst werden Strohpuppen Fig. G., deren spiße
Enden (um sie von gleicher Dicke zu erhalten) umge=
schlagen, und bey c und d mit Bändern fest gebunden
sind, angefertiget; diese werden auf einer Seite mit
Lehm bestrichen, und mit der bestrichnen Seite, der
Länge nach, in die Oefnung l, Fig. F., welche die
letzten Reihen der Lehmschindeln von beiden Seiten
des Daches offen gelassen, gelegt; alsdann wird diese
eingelegte Strohpuppe auf ihrer obern Seite, und die
ihr auf beiden Seiten zunächst liegende Lehmschindel
n, Fig. M., beynah bis zur Hälfte mit Lehm bestrichen;
Auf letztere werden sodann so viele von den kleinen vor=
hin beschriebenen Strohpuppen, mit kleinen hölzer=
nen Pflöckchen, welche ungefehr 9 bis 10 Zoll lang
sind, neben einander befestigt, als die Breite einer
Schindel einnimmt; jedoch müssen diese Stroh=
puppen nur so weit herab befestigt werden, daß die
Hälfte derselben auf der andern Seite des Daches um=
geschlagen und mit Lehm verstrichen werden kann. Bey
r sind diese Strohpuppen, wie solche aneinander befe=
stigt, deutlich zu erkennen, und die kleinen Cirkel c, c,

ſtellen die Köpfe der Pflöcke vor, womit ſelbige an die darunter liegende Schindel n, angeſtochen ſind.

Auf der entgegengeſetzten Seite verfährt man eben ſo, und legt darauf zuletzt noch eine Schichte Lehm von etwa 1½ Zoll hoch.

7.

In der Gegend beym Schornſtein werden die Schindeln, wenn an denſelben keine Latte vorbey geht. worauf ſie angebunden werden könnten, mit vorhin gedachten kleinen Pflöckchen an die unten liegen= den Schindeln angeſtochen, und gut mit Lehm verſtri= chen. Die Länge dieſer Schindeln muß ſich aber nach dem Zwiſchenraum vom Schornſtein bis zur Latte richten.

Beylagen.

I.

Actum Spandow, den 23. October 1794.

Praes. Der Geheime Ober = Baurath Gilly.
＝　＝　＝　＝　＝　Mencelius.
＝　＝　＝　＝　＝　Entelwein.
Der Landbaumeister　　Engelhardt.
Der Ober = Burgermeister Hertig ⎫
Der Zimmermeister　　Becker ⎬ aus
Der Mauermeister　　Bocksfeld ⎭ Spandow.

Obgleich der Unterschied bey Feuersgefahr zwischen Ge=
bäuden von Fachwerk mit gewöhnlichen Strohdächern, und
zwischen Gebäuden von Luftziegeln oder sogenannten Lehm=
patzen, mit Lehmschindeldächern versehen, schon aus der
Beschreibung oder aus dem bloßen Ansehen derselben ein=
leuchtend genug ist, und zum Vortheil der letztern ausfällt;
so hielte man es dennoch für nöthig, solches auf eine sinn=
liche Art zu erweisen. Es hatte daher der Geheime Ober=
Baurath Gilly bereits vor 3 Monaten den Bau eines Ge=
bäudes von 10 Fuß lang und eben so breit, 8 Fuß hoch und
$1\frac{1}{2}$ Stein stark, von Lehmpatzen und mit Lehmschindeln ge=
deckt, bey Spandow auf der sogenannten Freyheit veranstaltet.

In diesem Gebäude war, anstatt des Windelbodens,
ein flaches Kreuzgewölbe von rohen Lehmsteinen, $\frac{1}{2}$ Stein
stark angebracht, das Dach in 5 Sparrgebinden mit Wind=
rißpen verbunden, und die Dachgiebel $\frac{1}{2}$ Stein dick, eben=
falls von Luftsteinen aufgeführt.

B 3

Nachdem sich obgenannte von der völligen Trockenheit der Balken, Sparren, Latten und Lehmschindeln überzeugt hatten, so wurden, um den äußern Brand des Daches zu verstärken, noch viele frische Strohbündel zwischen den Lehmschindeln eingesteckt, und sodann am heutigen Tage, bey einem starken Winde, Nachmittags um drei Uhr, in Gegenwart vieler Zuschauer aus Spandow, das Dach von außen angezündet.

Ob nun gleich dieses Feuer außerhalb auf dem Dache mit der größten Heftigkeit in starken Flammen aufloderte, so verspürte man dennoch, nach 25 Minuten, auf dem Dachboden, worauf man sich begeben konnte, noch nicht die geringste Hitze.

Hierauf machte man den Versuch, die eine Seite des Daches mit der aus der Stadt herbeygeschafften Sprütze zu löschen, welches sich sehr geschwind bewerkstelligen ließ, und wobey sämmtliche Lehmschindeln auf dem Dache liegen blieben.

Nunmehr wurden aber an einigen Lehmschindeln die Weiden, womit sie an die Latten gebunden waren, von inwendig abgehauen und herunter gestoßen, wo sich dann zeigte, daß nur das obere Stroh, und etwa ⅓ des überhaupt in den Lehmschindeln enthaltenen Strohes verbrannt, das übrige aber unversehrt geblieben war. Die andere Seite des Daches ließ man, ohne zu löschen, fortbrennen; das lichte Feuer ging fast von selbst aus, und man sahe deutlich, wie einige Stellen unter und zwischen den Lehmschindeln zwar zuweilen wieder in hellen Flammen aufloderten, allein durch die Vermischung des Strohes und Lehmes von selbst auch wieder ausgingen.

Nach länger als einer halben Stunde sahe man innerhalb des Daches durch einige Ritzen das äußere Feuer zwar glimmen, allein die Sparren und Latten wurden nicht davon ergriffen.

Durch diese Experimente hielt man sich völlig überzeugt,
daß ein dergleichen Dach durch Feuer von außen, nicht leicht
beschädigt werden kann, weil immer noch Zeit genug bleibt, die
Verbreitung des Feuers durch Löschungsmittel zu verhindern.

Auch wurde bemerkt, daß ohngeachtet des starken
Windes, nicht das mindeste Flugfeuer von diesem Dach ent-
stand, wodurch bey gewöhnlichen Strohdächern andere in der
Nähe stehende Gebäude so leicht mit entzündet werden.

Um sich nun auch von der Wirkung eines im Innern
eines solchen Daches entstehenden Feuers zu überzeugen,
wurde auf dem Dachboden eine Menge trockener Zimmer-
spähne und einige Bund Stroh über die Balken ausgebreitet, und angesteckt. Nachdem diese brennbaren Materialien
10 Minuten in vollen Flammen gestanden, fingen nicht die
Lehmschindeln, sondern die Sparren und Latten an zu brennen, und nicht eher, als nach 22 Minuten, entstand eine
Oefnung im Dache, weil durch eine abgebrannte Latte die
darauf gelegten Lehmschindeln ihre Unterstützung verlohren
hatten, und herunter fielen.

Durch diese Versuche wurde man ebenfalls überzeugt,
daß ein inneres Feuer wegen Mangel an Zugluft durch die
Dichtigkeit und genaue Zusammenschließung der Lehmschindeln, nicht sobald überhand nehmen kann, als bei gewöhnlichen Stroh- und selbst bey Ziegeldächern, und daß
man sich daher eine geraume Zeit unter dem Dachboden
eines solchen brennenden Daches aufhalten kann, um Sachen herunter zu schaffen. Auch folgt hieraus, daß es nicht
möglich sey, durch brennendes Licht oder andere Unvorsich-
tigkeiten unter einem solchen Dache so leicht Schaden zu
thun, als es bey gewöhnlichen Strohdächern damit so oft
der Fall ist. Da man sich bey dieser Gelegenheit zugleich von
der Festigkeit der Luftziegel zu überzeugen wünschte, so ließ man

das Dach und die von Lehmziegeln aufgeführten Giebel durch Feuerhaken dergestalt einreißen, daß alles einwärts auf das Gewölbe: zusammenstürzen mußte, wodurch das Gewölbe nicht im mindesten beschädigt wurde, so daß man unten im Innern des Gebäudes sicher hineingehen konnte.

Nachdem hiernächst der Schutt von dem unversehrt ge= bliebenen Gewölbe abgeräumt worden, ließ man eine 120 Pfund schwere Bombe von einer Höhe von 5 Fuß auf die Mitte des Gewölbes herunterfallen, ohne daß solches dadurch beschädigt worden; als die Bombe aber zum zwey= tenmahl von dieser Höhe herunterfiel, entstand in dem Ge= wölbe ein Loch von beynahe der Größe der Bombe, doch ohne daß sie ganz durchfiel.

Der Lehm, welcher zu den Wänden dieses Gebäudes gebraucht worden, war nur mager, und die Lehmpatzen aus Mangel an Flachsschäben nur allein mit Stroh vermischt. Um nun zu versuchen, in wiefern ein heftiger Wasserstrahl dieser Lehmwand nachtheilig seyn könnte, wurde die Span= dauer Stadtsprütze durch ein 4 Linien weites Gußrohr in einer Entfernung von nur 8 Fuß, auf eine Stelle der Wand von etliche □Fuß groß völlig ausgesprützt; der Wasserstrahl währte mit der stärksten Gewalt 7 Minuten, und es fand sich nach dieser Zeit, daß nur der Lehm zwischen den Fugen der Luftziegel ausgespült war; die Luftziegel selbst hatten hin= gegen noch ihre vorige Consistenz, woraus man schließt, daß der heftigste Regen dergleichen Gebäuden, und wenn sie auch nicht einmahl mit Kalk überzogen sind, so leicht nicht schaden dürfte. Auch zeigten die während des Brandes des Dachs, stehen gebliebenen Giebel von Lehmsteinen, daß man sich derselben als Brandgiebel zwischen den Gebäuden mit völli= ger Sicherheit und mit vielem Vortheil bedienen könnte.

II.

Auszug eines Schreibens.

In hiesiger Stadt ist zweymal Feuer auf den Brauhäu=
sern ausgekommen; die Gebäude wurden aber durch die Lehm=
schindeldächer gerettet. Ob zwar das Stroh auf die Hälfte
des einen Gebäudes abbrannte, so blieb doch die andere unbe=
schädigt, denn das Feuer hat keine Luft, und brennt nur so,
als wenn man nasses Stroh aufs Feuer legt; ob zwar das
Dach voll Feuer war, so konnte man gleichwol die Lehmschin=
deln vom Boden beständig naß machen, so daß gar keine
Luft ankommen konnte, und so brannte das Stroh ab, und
die Asche wurde herabgeschoben, und an der Erde erst ausge=
gossen. Mir ist die Gefahr bei gewöhnlichen Strohdächern
bekannt, und ich sehe ein, daß die Deckungsart mit Lehm=
schindeln besser, als mit Ziegeln ist, denn es kann besser ge=
rettet werden; man darf so leicht nicht besorgen, daß das
Feuer geschwinde durchbrennt, und man kann, bis alles
ausgebrannt ist, so gut auf den Boden, als neben dem
Feuer auf dem Dache Leitern anbringen lassen; denn das
Feuer läuft nicht so wie bey andern Strohdächern, sondern
es brennet nur ganz klein, welches daraus abzunehmen,
daß bey einem Brauhause das halbe Dach gerettet wurde.
Ew. rc. werden auch wohl einsehen, daß es weit leichter ist,
das nebenstehende Haus zu retten, weil man es in einer
Viertelstunde ganz vom Dache entblößen kann, denn es dür=
fen sich nur einige Leute auf den Boden begeben, welche die
Weiden, womit die Lehmschindeln an die Latten gebunden
sind, entzweyschneiden, obgleich Feuer darauf ist, und alsdann
stößt man die Lehmschindeln mit dem Feuer vom Dache herab,

das Feuer verlöscht so dann fast von selbst, oder man kann es auf der Erde ausgießen.

Ich wünschte nur, daß diese gute Bauart auf dem platten Lande eingeführt werden möchte, da alsdann gewiß viele und große Feuerschäden verhütet würden.

Cammin in Westpreußen, den 20. Juli 1794.

Tieh.

III.

Nachricht von einem 1794 in Gusow verfertigten Lehm = Schindeldache.

Das Dach liegt auf einem Holzstall unter einem Winkel von 25 Grad, also sehr flach. Demohngeachtet hat es den Winter von 179⅔, wo bekanntlich viel Schnee fiel, und dieser lange liegen blieb, ausgehalten, ohne Feuchtigkeit durchzulassen. Die wegen der Unkunde begangenen Fehler in der Zusammenfügung der Schindeln, sind durch Nachschmieren leicht abgeholfen.

Die Arbeit ist von meinem Jäger nach des Herrn Geheimen Ober = Baurath Gilly Beschreibung der Lehmschindeldächer dirigirt, der nie ein anderes Dach dieser Art gesehen, als das, so auf dem Jägerhause an der Straße von Charlottenburg nach Potsdam liegt. Die Kosten sind durch die Unkunde der Arbeiter natürlich etwas vermehrt, müssen aber aus eben der Ursach bei mehrerer Arbeit abnehmen.

Die Lehmpatzen habe ich seit der bekannt gewordenen Anweisung des Herrn Geheimen Ober = Baurath Gilly sogleich eingeführt, und sowohl zu innern Wänden in den Häusern, da ich keine neue zu bauen gehabt, als zu freiste

henden Mauern gebraucht. Vor sechs Jahren habe ich eine
dergleichen gebauet, die noch unversehrt stehet. Sie stößt
an ein Scheunendach, wo die Dachtraufe mittelst eines Hohl-
steines abgeleitet wurde. Er brach entzwei, und das Wasser
fraß in die Mauer ein rundes Loch, wie es vielleicht, in
etwas längerer Zeit, in gebrannte Steine ebenfalls geschehen seyn würde, ohne die Lehmpatzen aufzuweichen, noch
der Mauer schaden.

Die Lehmmauern werden nicht stärker, noch die Steine
größer, als die gewöhnlichen gemacht, damit sie leichter
austrocknen. Zu dem Ende lasse ich sie immer ein Jahr im
Voraus verfertigen, und sie bleiben, mit einem leichten Obdach
versehen, den Winter durch im Freien stehen, ohne den ge-
ringsten Schaden zu leiden. In dieser Art haben einige schon
bis 2 Jahr gestanden. Die Mauern werden entweder mit
einem Rock von Lehm, wie die Backofen überzogen, oder
mit Mergel abgeputzt.

Gusow, den 27. Juni 1795.

Graf v. Podewils.

IV.

Zu den in meiner Beschreibung der Lehmschindel-
Dächer ꝛc. mitgetheilten Bemerkungen, über die Bauart
mit Lehmpatzen, füge ich hier noch nachfolgende hinzu, als:

1) Daß ich bey dem in Schöneberg mit Lehmpatzen
aufgeführten Hause, nicht wie ich anfänglich bey dieser
Bauart vorgeschrieben hatte, die Fugen offen gelassen,
damit der Kalkanwurf hinein fliegen, und dadurch feste
gehalten werden soll, sondern ich habe die Fugen ganz

mit Lehm ausstreichen und die Wand ganz glatt mit Lehm abreiben laffen; hierauf ist ein dünner Ueberzug von Ochsenblut mit ungelöschten Kalk vermischt, mit dem Mauerpinsel auf die Wand aufgetragen worden; diefer Anstrich hat nach einiger Zeit eine nicht unangenehme grünliche Farbe angenommen, und ohngeachtet es feit drey Monathen geregnet hat, fo fitzt noch alles fehr gut und fefte.

2) Außerdem hat jemand die Bemerkung gemacht, daß Mergelkalk weit fefter auf dem Lehm fitze als Steinkalk, welches darin gegründet zu feyn fcheint, daß erfterer Kalk mehr Thon enthält als der Steinkalk, und daß derfelbe mithin mit dem Lehm eine nähere Verwandfchaft hat, um fich mit demfelben beffer zu verbinden.

3) Auch hat mir der Herr Kriegsrath Kraufe zu Driefen gefälligft benachrichtiget, daß er an einem Haufe welches er dafelbft von Lehmpatzen erbauen laffen, einen Kalkputz mit groben Kiessand vermischt, nur dünne habe auftragen laffen, und daß die andern gebrauchten Farben, als Umbra und gelbe Erde, mit geraspelter Kreide und mit Milch vermischt worden, und daß diefer Abputz fich überall, und felbft an der Wetterfeite, fehr gut halte.

Zur möglichft genauen Belehrung will ich den Umftand nicht übergehen, daß ich bei meinem Haufe in Schönberg, theils zur Zierde, theils um dem Waffer einen beffern Ablauf zu geben, unter die Fenfter, etwas vorfpringende Sohlbänke von fehr guten Mauerfteinen habe anfertigen laffen; der Erfolg zeigt aber, daß dies keineswegs vortheilhaft, fondern fchädlich ift, indem nach einem Regen unter diefen Sohlbänken feuchte Stellen bleiben, wenn die übrige

Wand schon wieder durch die Luft völlig abgetrocknet ist. Ich habe hieraus und aus andern Umständen wahrgenommen, daß man bey Lehmpatzen-Gebäuden alle Vorsprünge und Einziehungen vermeiden und alles ganz glatt halten muß.

Um die scharfen Kanten an den Ecken des Gebäudes und bey den Fenstern und Thüren zu vermeiden, habe ich diese Ecken etwas abrunden lassen, damit die Kanten nicht so leicht abgestoßen werden können.

Endlich empfehle ich denjenigen, welche sich entweder nur von der Bauart mit Lehmpatzen und Lehmschindeln unterrichten, oder selbst in der Art bauen wollen, die im Jahr 1795 zu Berlin herausgekommenen Schrift, unter dem Titel: E. S. H. Böthcke, Beyträge zur Lehre, wie man mit möglichster Schonung des Holzes alle Landgebäude wohlfeil, dauerhaft und sicher bauen kann; mit 2 Kupfertafeln.

Diese Schrift enthält unter andern sehr zweckmäßigen Anweisungen, auch sehr richtig ausgearbeitete Balanzen über den Holz- und Kostenaufwand, bey den von Lehmpatzen, von gebrannten Ziegeln und in gemauerten auch gelehmten Fachwerk aufgeführten Gebäuden und die daher vortheilhafter für erstgenannte Bauart ausfallen, als die in der Beschreibung der Lehmschindeldächer S. 59 in der Anmerkung, erwähnten Ueberschläge.

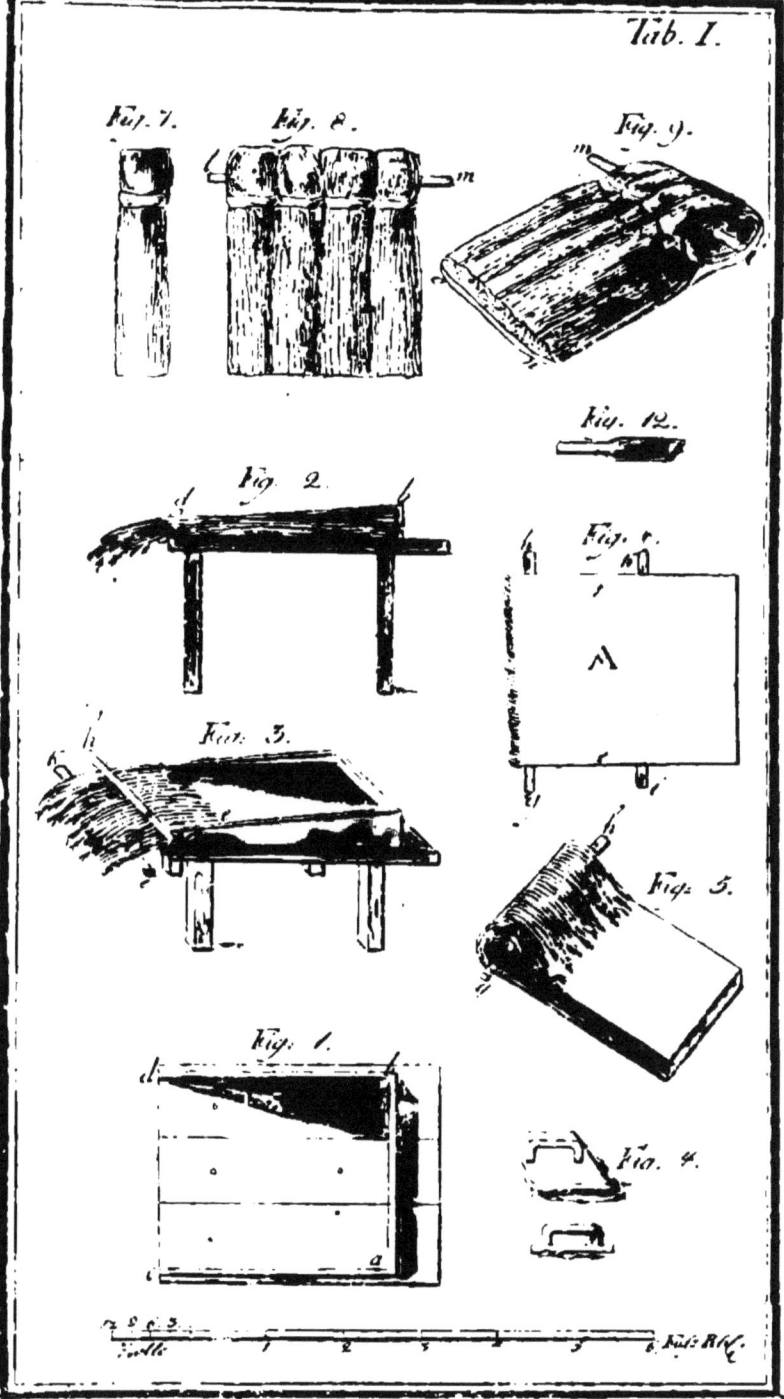

Tab. I.

Fig. 7. Fig. 8. Fig. 9.

Fig. 12.

Fig. 2.

Fig. 6.

Fig. 3.

Fig. 5.

Fig. 1.

Fig. 4.

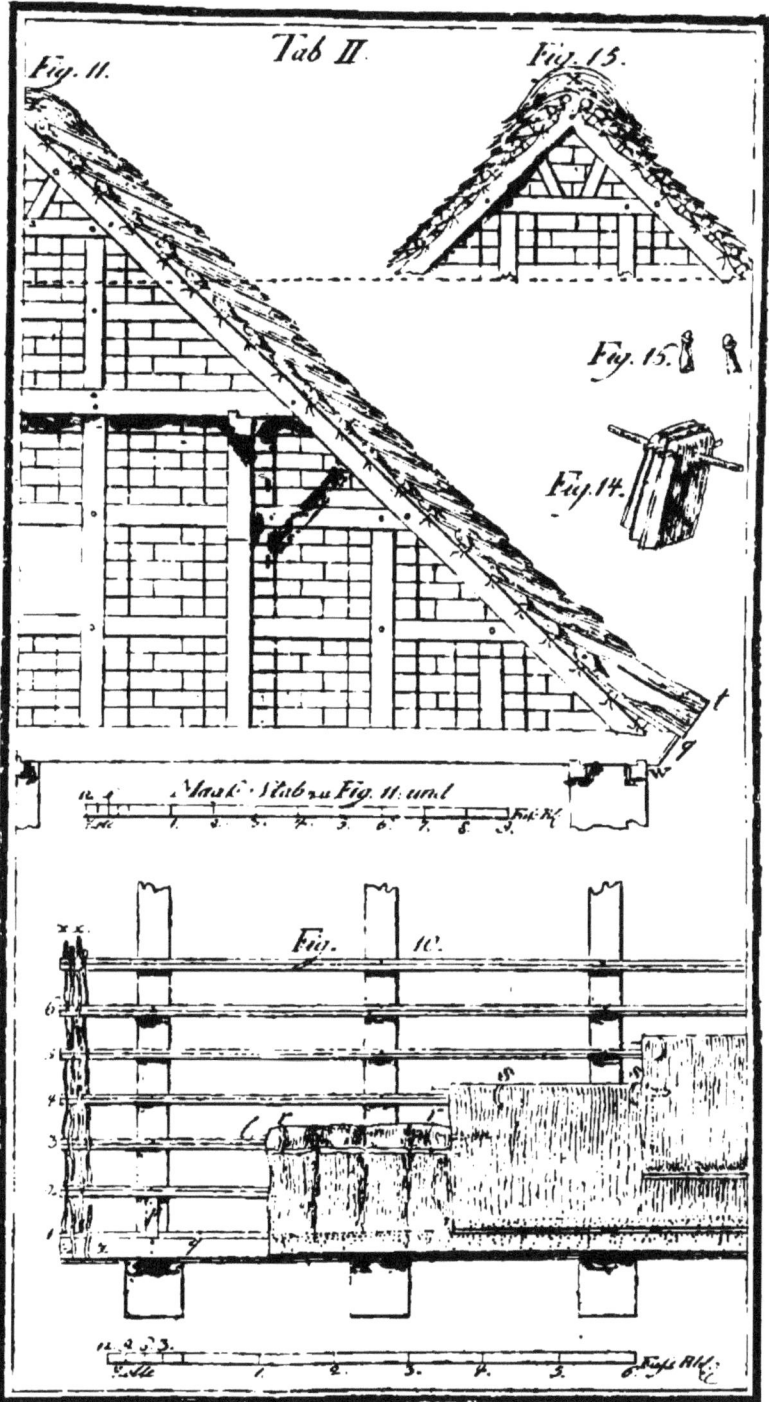

Tab II

Fig. 11.

Fig. 13.

Fig. 15.

Fig. 14.

Fig. 10.

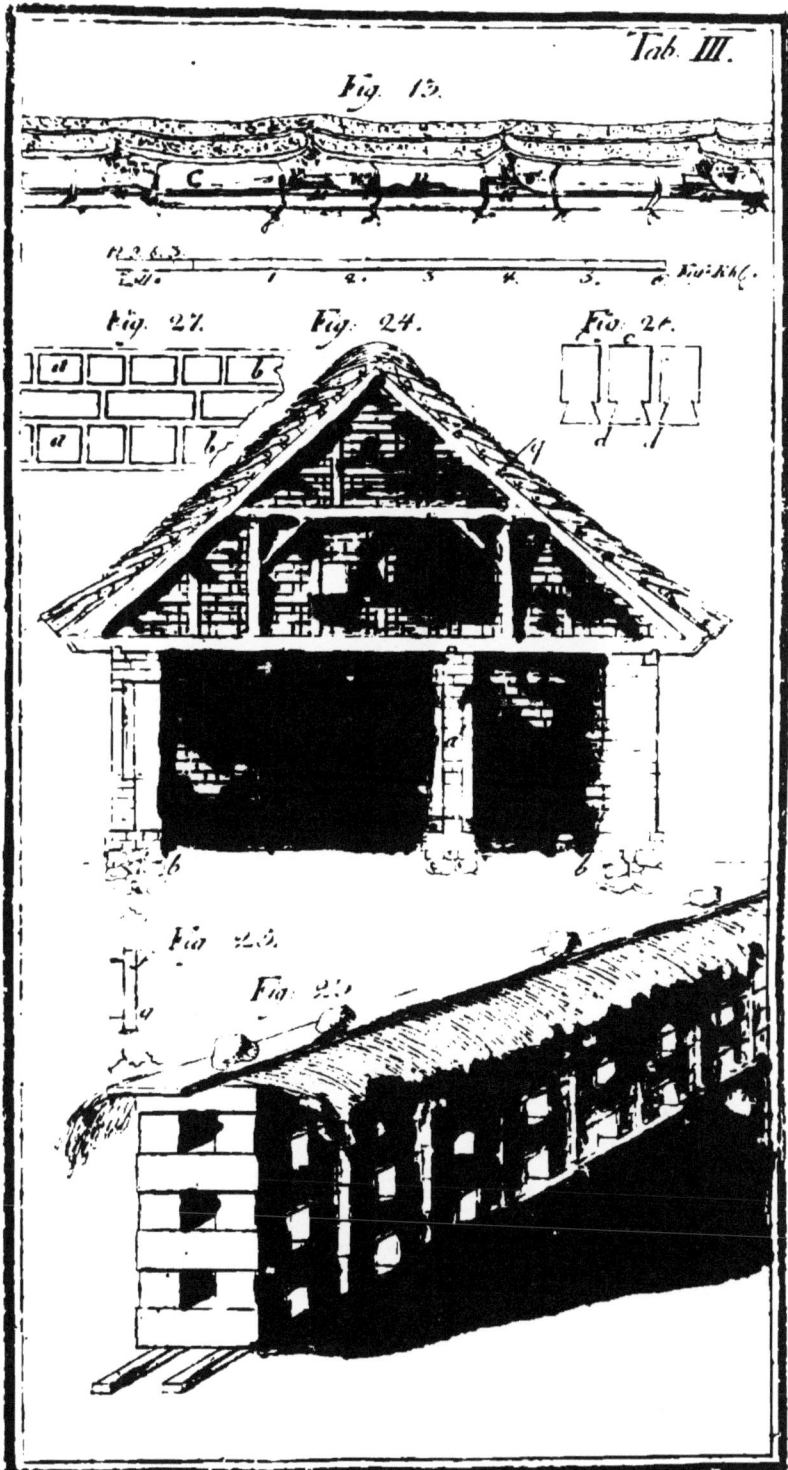

Tab. III.

Fig. 13.

Fig. 27.   *Fig. 24.*   *Fig. 26.*